U1074723

物流信息化系列丛书

智能物流系统实务

李俊韬　刘丙午　张　伦　李孟涛　编著

机械工业出版社

本书主要介绍智能物流系统的相关技术理论、设计思想及操作实训过程。全书共分为9章，包括概述、技术基础与平台简介、详细内容三大部分：首先对平台涉及的相关技术进行了详细讲解，涵盖各种技术的理论知识、平台操作过程等内容；然后介绍了智能物流系统实训平台概况；最后对该平台的各个部分进行了全面系统的讲解，并在每章的最后提出相关思考，供读者进行深入研究。

本书紧密结合智能物流系统实训平台，可作为与实训系统配套的参考书，也可作为高等院校物流工程专业、物流管理专业、工业工程专业、电子商务专业、信息管理与信息系统专业学生的教材或参考书，还可作为企业物流从业人员的技术培训用书。

图书在版编目（CIP）数据

智能物流系统实务/李俊韬等编著. —北京：机械工业出版社，2013.5（2013.11重印）
（物流信息化系列丛书）
ISBN 978-7-111-41815-3

Ⅰ.①智… Ⅱ.①李… Ⅲ.①物流—物资管理—自动化系统 Ⅳ.①F252

中国版本图书馆CIP数据核字（2013）第097145号

机械工业出版社（北京市百万庄大街22号 邮政编码100037）
策划编辑：宋 华 责任编辑：李 兴
封面设计：鞠 杨 责任印制：杨 曦
北京鑫海金澳胶印有限公司印刷
2013年11月第1版第2次印刷
184mm×260mm·8.5印张·206千字
2001—5000册
标准书号：ISBN 978-7-111-41815-3
定价：25.00元

前　言

进入 21 世纪以来，我国物流业总体规模快速增长，服务水平显著提高，发展的环境和条件不断改善，为进一步加快发展奠定了坚实基础，特别是在“十二五”期间，我国将大力振兴物流行业，以此作为国民经济发展的重要催化剂。智能化是近年来各类技术发展的趋势，智能化技术与物联网技术相结合在当今物流领域的应用愈加频繁。智能化技术的应用是现代物流区别于传统物流的根本标志，也是物流技术中发展最快的领域。鉴于现代物流企业急需大量的智能化物流管理人才的时代背景，大量培养具备智能化与信息化水平的人才显得非常重要。

编者根据多年的教学实践和智能物流项目实施经验，撰写了本书。本书内容力求充实、创新，注重理论与实践相结合，涉及当今物流技术与智能化技术发展的最新成果，图文并茂，突出学生实践动手能力训练。

全书分为三部分：第一部分为概述，为第 1 章，介绍了物联网与智能物流系统的基础知识；第二部分为技术基础部分，包括第 2 章和第 3 章，介绍了智能物流系统关键技术基础和平台的基本情况；第三部分，包括第 4～9 章，详细介绍了智能物流系统的各个组成部分，主要有智能生产物流实训子系统、智能仓储物流实训子系统、智能配送与智能运输实训子系统、智能超市后台管理实训子系统、智能超市前台销售实训子系统和智能综合服务实训子系统。

本书为物流专业课程教学提供了技术保障，不仅可作为与实训系统配套的参考书，也可可作为高等院校物流工程专业、物流管理专业、工业工程专业、电子商务专业、信息管理与信息系统专业学生的教材或参考书，还可作为企业物流从业人员的技术培训用书。

本书由李俊韬、刘丙午、张伦、李孟涛编著，本书得到了北京高等教育精品教材建设项目、北京市教委科研基地项目、北京市属高等学校人才强教深化计划资助项目（项目编号：PHR201108306）、北京市教育委员会科技发展计划重点项目“基于物联网技术的智能物流系统研究”、北京市市属高等学校创新团队建设与教师职业发展计划项目（项目编号：IDHT20130517）等的资助，在此表示感谢。

特别感谢陈星浩、林钢、赵光光、程晓琳、耿莹莹、惠婳、郭红丽在本书的编写过程中所给予的帮助。

为方便教学，欢迎选用本书的读者加入物流信息交流群（QQ 群号：276962432）进行经验交流与资源共享。

由于编者的学识水平有限，加之时间仓促，书中有许多不完善和不妥之处，恳请读者批评指正。

编　者

目　录

第1章
物联网与智能物流系统概述

物联网技术是信息技术的革命性创新。物联网必将带来物流系统的智能化和敏捷智能的供应链变革，实现物流系统透明化与实时化管理和物流全过程的可追踪管理。物联网信息处理与智能物流系统相关理论和关键技术是物联网技术在物流系统应用的关键支撑技术。为此，加强物联网信息处理与智能物流系统实验室的建设十分重要。本章将针对物联网技术与智能物流系统展开介绍。

1.1 物联网技术概述

物联网技术经过了近年来的高速发展，其概念范围已经远远超越了当初的 RFID 技术范畴，拓展出了以感知层为基础、网络层为中继、应用层为主体的三层架构。如今，物联网技术已经逐步成熟，并形成了良好的体系架构和完整的产业链。

1.1.1 物联网起源及发展

物联网的理念最早出现于美国微软公司董事长比尔•盖茨 1995 年的《未来之路》一书。1999 年，美国 EPC global 的 Auto-ID 中心率先提出“物联网”的概念：把所有物品通过 RFID 等信息传感设备与互联网连接起来，实现智能化识别和管理。即把所有物品通过 RFID（射频识别）等信息传感设备与互联网连接起来，实现智能化识别和管理。

2005 年 11 月，国际电信联盟（ITU）发布了《ITU 互联网报告 2005：物联网》。报告指出，无所不在的“物联网”通信时代即将来临，世界上所有的物体从轮胎到牙刷、从房屋到纸巾都可以通过互联网主动进行交换，RFID 技术、传感器技术、纳米技术、智能嵌入技术将得到更加广泛的应用。2008 年 11 月 IBM 提出“智慧地球”概念，即“互联网 +物联网 =智慧地球”，以此作为经济振兴战略。

2009 年初，美国总统奥巴马就职后，在和工商界领袖举行的圆桌会议上对包括物联网在内的智慧型基础设施给予了积极回应，将“新能源”和“物联网”列为振兴美国经济的两大武器，使得“物联网”概念在世界范围内引起轰动。奥巴马对 IBM 公司提出的“智慧地球”构想作出了积极回应，并将其提升为国家层级的发展战略，从而引发全球广泛关注。

日本对信息技术的重视程度有目共睹，发展物联网也比其他国家起步早。2000 年公布的五年信息技术计划“e-Japan”就为以后物联网的发展做好了准备，之后日本又相继颁布了“u-Japan”国家物联网战略以及“ICT 维新愿景 2.0”计划。这些政策都大大促进了物联网在日本的发展。韩国的 IT839 战略将物联网作为三大基础建设重点之一。

发达国家一方面加大力度发展传感器节点核心芯片、嵌入式操作系统、智能计算等核心技术，另一方面加快标准制定和产业化进程，谋求在未来物联网的大规模发展及国际竞争中占据有利位置。

1.1.2 物联网在中国

自 2009 年 8 月温家宝总理提出“感知中国”以来，物联网被正式列为国家五大新兴战略性产业之一，写入“政府工作报告”，物联网在中国受到了全社会极大的关注。物联网的概念与其说是一个外来概念，不如说它已经是一个“中国制造”的概念，其覆盖范围与时俱进，已经超越了 1999 年 Ashton 教授和 2005 年 ITU 报告所指的范围。物联网已被贴上“中国式”标签。

根据 2009 年国务院正式发布的《物流业调整和振兴规划》，物流业被国家列为十大振兴产业之一。在《物流业调整和振兴规划》中明确提出了“十大任务”和“九大工程”，其中提高物流信息化水平是“十大任务”之一；在“九大工程”的“物流科技攻关工程”中明确提出了“适应物流业与互联网融合发展的趋势，启动物联网的前瞻性研究工作”。

2010 年 9 月 8 日，国务院通过《国务院关于加快培育和发展战略性新兴产业的决定》，将物联网作为其中一项新型产业提高到国家战略层面。物联网是战略性新兴产业的重要组成部分，对加快转变经济发展方式具有重要的推动作用。为加快物联网发展，培育和壮大新一代信息技术产业，依据《中华人民共和国国民经济和社会发展第十二个五年规划纲要》和《国务院关于加快培育和发展战略性新兴产业的决定》，2011 年 11 月 28 号工信部制定了《物联网“十二五”发展规划》，提出了在智能物流、智能交通等重点领域开展应用示范工程，探索应用模式，积累应用部署和推广的经验和方法，形成一系列成熟的可复制推广的应用模板，为物联网应用在全社会、全行业的规模化推广做准备。

2012 年 2 月，国家《物联网“十二五”发展规划》正式发布，为物联网产业的快速发展提供了政策保证。在该规划中，提出了在智能工业、智能农业、智能物流、智能交通、智能电网、智能环保、智能安防、智能医疗、智能家居等重点领域开展应用示范工程，探索应用模式，积累应用部署和推广的经验和方法，形成一系列成熟的可复制推广的应用模板，为物联网应用在全社会、全行业的规模化推广做准备。

目前，全国已经有二十多个省市发布了物联网产业发展规划，其余的地区也正在编制物联网发展规划。物联网在我国安防、电力、交通、物流、医疗、环保等领域已经得到应用，且应用模式正日趋成熟。特别是在物流领域，物品仓储、运输、监测应用方面，物联网技术得到了广泛推广。

物联网对物流业的影响将是全方位的。物联网技术是信息技术的革命性创新，奠定了现代物流业发展的主线。物联网必将带来物流系统的智能化和敏捷智能的供应链变革，实现物流系统中物品的透明化与实时化管理和物流全过程的可追踪管理。

1.1.3 物联网的定义

物联网（Internet of Things）就是“物物相连的互联网”，是将物品的信息（多种类型编码）通过 RFID、传感器等信息采集设备，按约定的通信协议与互联网连接起来，使物品的信息实现智能化识别、定位、跟踪、监控和管理的一种网络。

现阶段，物联网是指在物理世界的实体中部署具有一定感知能力、计算能力和执行能力的各种信息传感设备，通过网络设施实现信息传输、协同和处理，从而实现广域或大范围的人与物、物与物之间信息交换需求的互联。物联网示意图如图 1-1 所示。

图 1-1　物联网示意图

1.1.4　物联网体系架构

物联网的体系架构由感知层、网络层、应用层组成。感知层主要实现智能感知功能，包括信息采集、捕获和物体识别。网络层主要实现信息的传送和通信。应用层则主要包括各类应用，如工业监控、智能家居、环境监测、公共安全等。物联网层次示意图如图 1-2 所示。

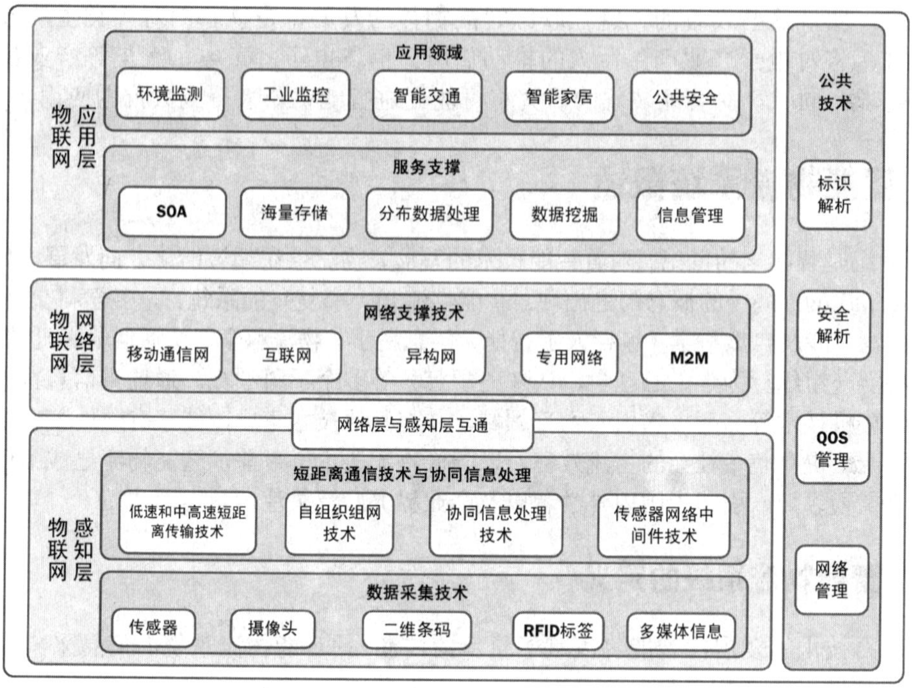

图 1-2　物联网层次示意图

1.1.5　物联网产业链

物联网至少包括以下五个方面的技术以及围绕这些技术的庞大产业群。

（1）以 RFID 为代表的物品识别技术。物品识别技术是实现物联网的基础。RFID（Radio Frequency Identification），即射频识别技术是当前最被看好的物品识别技术。一个完整的 RFID 标签由 RFID 芯片、天线以及封装媒介组合。RFID 标签技术将带动材料技术、芯片及封装技术、能源技术等产业的发展。

（2）传感与传动技术。物联网将实现“人—物”互动以及“物—物”互动。这就要求物体具备根据物理变化作出反应的能力。为赋予物体“智能”属性，传感与传动技术的应用将不可或缺。传感与传动技术涉及领域极广，其技术需求将能够带动半导体、精密机械、电子元器件、光学、声学等多科技领域的进步。

（3）网络和通信技术。在物联网时代，由于所有物体都处于随时接收数据并传输数据的状态中，由此所产生的海量数据传输需求将不是现有网络技术所能应对的。这将带动有线网络投资、无线网络升级、信息设备及软件、网络搜索等产业的发展。

（4）数据处理与存储。物联网时代所产生的数据量将是难以想象的庞大，将对数据处理与储存技术提出前所未有的挑战。数据处理及存储需求将带动包括“云计算”在内的计算机软硬件、半导体、电子元器件等产业的发展。

（5）以3C融合为代表的智能物体技术。3C是指计算机（Computer）、通信（Communication）和消费类电子产品（Consumer Electrics）。现有的人与物体对话的应用主要体现在人与计算机之间的“人—机对话”。在物联网时代，3C融合将得到进一步的发展和应用，人与“物体”的对话将无处不在。3C融合就是通过标准化的智能型无线技术（如无线宽带），实现这些设备的无缝互联。智能物体的发展将是物联网对人类生活方式最直接的改进，将对电子产业产生巨大的推动作用。消费电子、家电、汽车等产业都将迎来巨大的需求。同时，对智能装置的研究将可能促进智能机器人得到大范围应用。

1.2 智能物流系统概述

21世纪是智能化的世纪。随着智能技术的发展，物流也在朝智能化方向发展，智能物流（Intelligent Logistics）的概念随之出现。智能物流是一个复杂的系统，是多学科交叉、渗透、融合的产物，涉及自然科学（包括人工智能、信息科学、物流科学、交通运输、机械工程等）和社会科学（组织行为学、心理学、认知科学等）等多个学科领域。通过将信息技术、智能技术、计算机技术等高新技术引入物流领域，并与其他技术集成，能够有效地整合物流系统的各种资源，提高整个社会的物流效率，以降低物流成本。目前，智能物流已成为现代物流业的一个重要领域，引起了国内外学者以及产业界的广泛关注。

1.2.1 智能物流系统的定义

物联网技术的发展给智能物流赋予了新的内涵，使智能物流系统的信息采集和共享更为方便和快捷。智能物流是以物联网广泛应用为基础，利用先进的信息采集、信息传递、信息处理、信息管理技术、智能处理技术，通过信息集成、技术集成和物流业务管理系统的集成，实现贯穿供应链全过程，生产、配送、运输、销售以及追溯的物流全过程优化以及资源优化，并使各项物流活动优化、高效运行，为供方实现最大化利润，为需方提供最佳服务的同时，消耗最少的自然资源和社会资源，最大限度地保护好生态环境的整体智能社会物流管理体系。

随着电子商务物流、生产物流、商贸物流、应急物流、农业物流、冷链物流、交通物流等行业物流的应用需求，以物联网及云计算为技术基础，利用物联网技术，突破货物跟踪定位、智能交通、移动物流信息服务等关键技术，加快先进物流设备的研制，开展全流程可视化物流运营服务，提高物流系统全程监管和平台化水平。物联网技术实现智能仓储和智能运输的协同管理，搭建协同物流可视化公共信息平台，与相关企业合作开展物流全程可视化系统应用，探索基于智能物流系统协同发展的相关问题，提高我国物流行业和运输行业的运营效率、降低运输成本、减少能源消耗、减少运输车辆安全事故，加快推动智能物流系统快速发展。

1.2.2　国内外智能物流系统发展

智能物流在欧美等发达国家发展迅速，并在应用中取得了很好的效果。国外的综合物流公司已纷纷建立全程跟踪查询系统，为用户提供货物的全程实时跟踪查询。这些区域性或全球性的物流企业利用网络上的优势，目前正在将其业务沿着主营业务向供应链的上游和下游企业延伸，提供大量的增值服务。例如美国联邦快递公司 FedEx 所提供准时送达服务（Just In Time Delivery，JIT-D）就非常具有代表性。利用其研发的基于 Internet 的 InterNetShip 物流实时跟踪系统，FedEx 目前每天要处理全球 200 多个国家的近 250 万件包裹，确保 JIT-D 成功率达到了 99%。针对每一件包裹，FedEx 从包裹收取开始到包裹送达完成全过程的每一环节都可以实时跟踪。美国 UPS 公司也认为如今提供信息服务已是递送业务中的一个至关重要的竞争因素。他们已通过广泛应用以信息为基础的技术来提高其服务能力。

2011 年 1 月，全球领先的通信服务商英国电信（BT）与 Omnitrol Networks 合作，部署基于 RFID 零售库存解决方案。该系统能够跟踪实际库存移动情况，并根据最小存货单位（SKU）跟踪单品周转率，可提前向零售店面经理同步发出实时补货提醒，实现供应链的可视化，帮助零售商大幅提高员工生产力，实现实时库存管理与追溯，创造更加智能化、协作更紧密的供应链。作为国际大型零售业巨头，美国沃尔玛在智能化物流方面投入巨大。沃尔玛为每家分店的送货频率通常是每天一次，能够做到及时补货，从而领先于竞争对手。一般来说，物流成本占整个销售额的 10%左右，有些食品行业则高达 20%甚至 30%。相比之下，采用智能物流系统后，沃尔玛的配送成本仅占其销售额的 2%。如此灵活高效的物流调度，使得沃尔玛在激烈的零售业竞争中能够始终保持领先优势。

日本应用物联网技术的行业和领域的案例也非常多。目前比较典型的案例主要有零售百货业、物流运输业、智能交通业、生产制造业、机场行李管理、医疗卫生、图书管理七个领域。在物流业应用中，由于日本对食品的品质和温度要求非常严格，为了保持食品最佳的状态，往往需要在运输过程中对食品进行严格的温度监控。因此日本的物流运输车辆（如运送食品和酒类的货车）上通常会放置若干个 RFID 标签，供有关部门随时监测运输过程中车厢内的温度变化，通过物联网技术对食品、药品的流通监管，以保障其安全性。

在物联网技术应用方面，欧盟各成员国在诸如交通、身份识别、生产线自动化控制、物资跟踪等封闭系统与美国基本处在同一阶段。欧洲许多大型企业都纷纷进行 RFID 的应用实验。欧盟致力于推进 RFID 的研究和应用，并资助一项为期三年，致力于 RFID 系统有效应用的研究、发展、培训和示范计划——BRIDGE 项目。

作为十大规划振兴产业之一，智能物流系统的快速发展将进一步促进我国物流产业的飞速发展。因此，加快物联网技术与智能物流系统研究及应用推广工作显得更加重要。

物流领域作为物联网重要的应用领域，将物联网技术应用在物流业务中，不仅可以突破物流领域中底层数据采集的瓶颈，提高供应链可视化程度、库存准确性、需求预测的准确度、供应链的快速反应能力等，还可以解决零售业物品脱销、失窃及供应链混乱带来的损耗等问题。物联网技术在物流业的应用必将成为物联网技术技术应用的热点领域。

尽管物联网技术与智能物流系统研究已经成为国内外相关领域研究的一个新热潮，而且已经取得了令人鼓舞的成绩，但是仍然有许多问题需要解决。在物流系统中，如何管理和利用物联网技术产生的海量数据是进一步研究和应用物联网技术需要解决的关键问题；如何利用物联网技术实现智能物流系统研究和针对物联网信息处理技术与智能物流系统的研究也才刚刚起步。

学术界已经普遍认识到物联网信息处理的重要性。但到目前为止，针对物联网数据与信息处理技术的研究在国外也刚刚起步，还存在较多技术难题。国内对物联网技术的研究主要集中在 RFID 标签、读写器及 Zigbee 等硬件设备研制、安全问题及行业应用，而针对物联网智能信息处理的研究领域，目前相关研究工作则相对较少。

1.2.3 智能物流系统人才需求

随着经济的发展，物流产业在经济发展中扮演的角色越来越受到关注。有些地区将物流系统及物流信息化建设作为在 21 世纪实现可持续发展的关键。与此同时，伴随着物联网技术的成熟与政策的引导及其在物流管理中逐步得到发展应用，智能物流系统的概念也成为物流领域中的热点。因此，物流行业对于新一代物流人才的需求将逐步提升。据中国物流与采购联合会 2012 年 3 月发布的最新数据，2015 年，中国智能物流核心技术将形成的产业规模达 2 000 亿元。仅昆明一地，2012 年以后新机场物流城可提供 3 万～5 万个就业岗位。包括上海、重庆、广州、深圳、无锡、南京、西安、武汉等国家大型国际物流港的发展，到 2013 年全国现代物流与智能仓储方面的技术管理人才缺口在 20 万人以上。物流人才是物流产业发展的根本。然而由于传统教育在教学内容、教学方法等方面存在着知识老化、方法陈旧落后、理论知识和实践相脱节的现象，学生的学习兴趣没有被激发，创新能力也未得到培养。

1.2.4 智能物流系统特征

根据智能物流的概念和内涵，智能物流系统具有以下特征：

（1）物流信息化。物流信息化表现在物流商品本身的信息化、物流信息收集的数据库化和代码化、物流信息处理的电子化、物流信息传递的网络化、标准化和实时化以及物流信息存储的数字化等方面。物流领域中应用的任何先进技术设备都是依靠物流信息这个纽带来进行相互协作，进而实现各种物流业务的。

（2）物流智能化。智能化是智能物流（ILS）的核心特征，是区别于其他物流系统的主要标志。智能物流的智能化主要体现在物流作业的智能化和物流管理的智能化两个方面。在物流作业活动中，通过采用智能化技术，有效提高物流作业的效率和安全性，减少物流作业的差错率。物流管理的智能化主要体现在智能化获取、传递、处理与利用信息和知识，为物流管理决策服务。

（3）物流自动化。物流自动化是指物流作业过程中的设备和设施自动化，包括运输、包装、分拣、识别等作业过程的自动化，其基础是物流信息化，核心是机电一体化。物流自动化借助于自动识别系统、自动检测系统、自动分拣系统、自动存取系统、货物自动跟踪系统以及信息引导系统等技术来实现对物流信息的实时采集和追踪，进而提高整个物流系统的管理和监控水平，提升物流作业能力，提高物流生产效率和减少物流作业的差错等。

（4）物流集成化。智能物流的集成化主要体现在技术的集成、物流环节的集成和物流管理系统的集成三个方面。通过技术集成将先进的信息技术、智能技术和物流管理技术等集成在一起；通过依托信息共享和集成，将物流管理过程中的运输、存储、包装、装卸、配送等诸环节集合成一体化系统；通过将物流的各种业务系统（如运输管理系统、仓储管理系统、物流配送系统等）集成在一起，构建一体化的集成管理系统。智能物流的集成化能有效实现物流各环节的信息共享和物流资源的整合，有效缩短交货期、降低成本，提高企业乃至整个供应链的竞争能力。

（5）物流网络化。物流网络化包括物流设施及业务网络化和物流信息网络化两方面的内容。物流信息网络化是根据物流设施、业务网络的发展需要，利用计算机通信网络和物联网建立起来的物流信息网。现代物流网络化强调的是物流信息的网络化，其基础是物流信息化：一方面，现代物流配送系统通过计算机网络通信、物联网、EOS、EDI 等技术把物流配送中心与其上游的供应商和下游的顾客之间建立起了有机的联系，保证了物流信息的畅通；另一方面，企业内部各部门通过局域网完成其组织的网络化，以实现企业内部的信息交换。

1.3　思考题

1．调研我国出台的智能物流系统的相关政策。
2．如何理解智能物流系统中的“智能”概念？
3．列举身边物联网技术发展的案例。
4．你认为智能物流系统最大的优势是什么？
5．智能物流的发展可以为你的生活带来哪些便利？

第 2 章
智能物流系统关键技术基础

2.1 智能物流系统关键技术基础综述

智能物流系统关键技术基础，主要包括 RFID 技术、传感器网技术、GPS/GIS 技术、Zigbee 技术四大主要关键技术。

2.2 条码技术概述

2.2.1 条码的基本概念

（1）条码（Bar Code）。条码是由一组规则排列的条、空及其对应字符组成的标记，用于表示一定的信息。条码通常用来对物品进行标识。这个物品可以是用来进行交易的一个贸易项目，如一瓶啤酒或一箱可乐，也可以是一个物流单元，如一个托盘。所谓对物品的标识，就是首先给某一物品分配一个代码，然后以条码的形式将这个代码表示出来，并且标识在物品上，以便识读设备通过扫描识读条码符号而对该物品进行识别。条码不仅可以用来标识物品，还可以用来标识资产、位置和服务关系等。条码示意图如图 2-1 所示。

6 902018 994262

图 2-1 条码示意图

（2）代码（Code）。代码即一组用来表征客观事务的一个或一组有序的符号。代码必须具备鉴别功能，即在一个信息分类编码标准中，一个代码只能唯一标识一个分类对象，而一个分类对象只能有一个唯一的代码。

（3）码制。条码的码制是指条码符号的类型。每种类型的条码符号都是由符合特定编码规则的条和空组合而成。每种码制都具有固定的编码容量和所规定的条码字符集。条码字符中字符总数不能大于该种码制的编码容量。常用的一维条码码制主要有 EAN 码、UPC 码、UCC/EAN-128 码、交插 25 码、39 码、93 码、库德巴码等。

（4）字符集。字符集是指某种码制的条码符号可以表示的字母、数字和符号的集合。有些码制仅能表示 10 个数字字符：0 到 9，如 EAN/UPC 码；有些码制除了能表示 10 个数字字符外，还可以表示几个特殊字符，如库德巴码。39 码可表示数字字符 0～9、26 个英文字母 A～Z 以及一些特殊符号。

（5）连续性与非连续性。条码符号的连续性是指每个条码字符之间不存在间隔。相反，非连续性是指每个条码字符之间存在间隔。从一定意义上讲，由于连续性条码不存在条码字符间隔，所以密度相对较高，而非连续性条码的密度则相对较低。

（6）定长条码与非定长条码。定长条码是条码字符个数固定的条码，仅能表示固定字符个数的代码。非定长条码是指条码字符个数不固定的条码，能表示可变字符个数的代码。例如 EAN/UPC 码是定长条码，其标准版仅能表示 12 个字符；而 39 码则为非定长条码。

（7）双向可读性。条码符号的双向可读性是指从左、右两侧开始扫描都具有可被识别的特性。绝大多数码制都具有双向可读性。

（8）自校验特性。条码符号的自校验特性是指条码字符本身具有校验特性。若在一条码符号中，一个印刷缺陷（例如，因出现污点把一个窄条错认为宽条，而相邻宽空错认为窄空）不会导致替代错误，那么这种条码就具有自校验功能。例如 39 码、库德巴码、交插 25 码都具有自校验功能；而 EAN 和 UPC 码、93 码等都没有自校验功能。

（9）条码密度。条码密度是指单位长度条码所表示条码字符的个数。条码密度越高，所需扫描设备的分辨率也就越高，这将增加扫描设备对印刷缺陷的敏感性。

（10）条码质量。条码质量指的是条码的印制质量，主要从外观、条（空）反射率、条（空）尺寸误差、空白区尺寸、条高、数字和字母的尺寸、校验码、译码正确性、放大系数、印刷厚度、印刷位置几个方面进行判定。条码的质量是确保条码正确识读的关键，不符合条码国家标准技术要求的条码，不仅会影响扫描速度，降低工作效率，而且可能造成误读进而影响信息采集系统的正常运行。

2.2.2　条码技术的特点

条码技术是电子与信息科学领域的高新技术，所涉及的技术领域较广，是多项技术相结合的产物。经过多年的长期研究和实践应用，条码技术现已发展成为较成熟的实用技术。

在信息输入技术中，采用的自动识别技术种类很多。条码作为一种图形识别技术与其他识别技术相比具有如下特点：

（1）简单。条码符号制作容易，扫描操作简单易行。

（2）信息采集速度快。普通计算机的键盘录入速度是 200 字符/分钟，而利用条码扫描录入信息的速度是键盘录入的 20 倍。

（3）采集信息量大。利用条码扫描，一次可以采集几十位字符的信息，而且可以通过选择不同码制的条码增加字符密度，使录入的信息量成倍增加。

（4）可靠性高。键盘录入数据，误码率为三百分之一，利用光学字符识别技术，误码率约为万分之一。而采用条码扫描录入方式，误码率仅有百万分之一，首读率可达 98%以上。

（5）灵活、实用。条码符号作为一种识别手段可以单独使用，也可以和有关设备组成识别系统实现自动化识别，还可和其他控制设备联系起来实现整个系统的自动化管理。同时，在没有自动识别设备时，也可实现手工键盘输入。

（6）自由度大。识别装置与条码标签相对位置的自由度要比 OCR 大得多。条码通常只在一维方向上表示信息，而同一条码符号上所表示的信息是连续。这样即使是标签上的条码符号在条的方向上有部分残缺，仍可以从正常部分识读正确的信息。

（7）设备结构简单、成本低。条码符号识别设备的结构简单，操作容易，无需专门训练，与其他自动化识别技术相比较，推广应用条码技术，所需费用较低。

2.2.3 条码分类

目前世界上常用的码制有ENA码、UPC码、25码、交插25码、库德巴码、39码和128码等，而在商品上最常使用的就是EAN码。目前常用码制见表2-1，说明如下。

表2-1 常用条码的码制比较

种类	长度	排列	校验	字符符号、码元结构	标准字符集	其他
EAN-13 EAN-8	13位 8位	连续	校验码	7个模块，2条、2空	0～9	EAN-13为标准版 EAN-8为缩短版
UPC-A UPC-E	12位 8位	连续	校验码	7个模块，2条、2空	0～9	UPC-A为标准版 UPC-E为消零压缩版
39码	可变长	非连续	自检验校验码	12个模块，5条、4空，其中3个宽单元，6个窄单元	0～9、A～Z、-、$、/、+、%、*、.、空格	“*”用做起始符和终止符，密度可变，有串联性，也可增设校验码
93码	可变长	连续	校验码	9个模块，3条、3空	0～9、A～Z、-、$、/、+、%、*、.、空格	有串联性，可设双校验码，加前置码后可表示128个全ASCII码
基本25码	可变长	非连续	自校验	14个模块，5个条，其中2个宽单元，3个窄单元	0～9	空不表示信息，密度低
交叉25码	定长或可变长	连续	自检验校验码	18个模块表示2个字符。5个条表示奇数位，5个空表示偶数位	0～9	表示偶数位个信息编码，密度高，EAN、UPC的物流码采用该码制
矩阵25码	定长或可变长	非连续	自检验校验码	9个模块，3条2空，其中2个宽单元3个窄单元	0～9	密度较高，在我国被广泛地用于邮政管理
库德巴码	可变长	非连续	自校验	7个单元，4条3空	0～9、A～D、$、+、-、/	有18种密度
128码	可变长	连续	校验码	11个模块，3条、3空	三个字符集覆盖了128个全ASCII码	有功能码、对数字码的密度最高
49码	可变长多行	连续	校验码	每行70个模块，18个条，17个空	128个全ASCII码	多行任意起始扫描，行号由每行词的奇偶性决定
11码	可变长	非连续	自校验	3条2空	0～9、-	有双自校验功能

（1）按码制分类。

1）UPC码。1973年，美国率先在国内的商业系统中应用UPC码，随后加拿大也在商业系统中采用。UPC码是一种长度固定的连续型数字式码制，其字符集为数字0～9。它采用四种元素宽度，每个条或空是1、2、3或4倍单位元素宽度。UPC码有两种类型，即UPC-A码和UPC-E码。

2）EAN码。1977年，欧洲经济共同体各国按照UPC码的标准制定了欧洲物品编码EAN码，与UPC码兼容，并且两者具有相同的符号体系。EAN码的字符编号结构与UPC

码相同，也是长度固定的、连续型的数字式码制，其字符集是数字 0～9。它采用四种元素宽度，每个条或空是 1、2、3 或 4 倍单位元素宽度。EAN 码有两种类型，即 EAN-13 码和 EAN-8 码。

3）交插 25 码。交插 25 码是一种长度可变的连续型自校验数字式码制，其字符集为数字 0～9。采用两种元素宽度，每个条和空是宽或窄元素。编码字符个数为偶数，所有奇数位置上的数据以条编码，偶数位置上的数据以空编码。如果为奇数个数据编码，则在数据前补一位 0，以使数据为偶数个数位。

4）39 码。39 码是第一个字母数字式码制，1974 年由 Intermee 公司推出。它是长度可比的离散型自校验字母数字式码制。其字符集为数字 0～9、26 个大写字母和 7 个特殊字符（「-」，「.」、「*」、「/」，「+」，「%」，「$」）以及空格符（Space），共 44 个字符。每个字符由 9 个元素组成，其中有 5 个条（2 个宽条，3 个窄条）和 4 个空（1 个宽空，3 个窄空），是一种离散码。

5）库德巴码。库德巴码（Code Bar）出现于 1972 年，是一种长度可变的连续型自校验数字式码制。其字符集为数字 0～9 和 6 个特殊字符（「-」，「:」，「/」，「.」，「+」，「$」），共 16 个字符。常用于仓库、血库和航空快递包裹中。

6）128 码。128 码出现于 1981 年，是一种长度可变的连续型自校验数字式码制。它采用四种元素宽度，每个字符由 3 个条和 3 个空，共 11 个单元元素宽度，又称（11，3）码。它由 106 个不同条码字符，每个条码字符有三种含义不同的字符集，分别为 A、B、C。它使用这 3 个交替的字符集可将 128 个 ASCII 码编码。

7）93 码。93 码是一种长度可变的连续型字母数字式码制，其字符集与 39 码相同。每个字符由 3 个条和 3 个空，共 9 个元素宽度。

8）49 码。49 码是一种多行的连续型、长度可变的字母数字式码制。出现于 1987 年，主要用于小物品标签上的符号。采用多种元素宽度。其字符集为数字 0～9、26 个大写字母、7 个特殊字符（「-」，「.」，「Space」，「%」，「/」，「+」，「%」，「$」）、3 个功能键（F1、F2、F3）和 3 个变换字符，共 49 个字符。

9）其他码制。除上述以外，还有其他的码制，例如 25 码出现于 20 世纪 60 年代后期，主要用于航空系统的机票的顺序编号；11 码出现于 1977 年，主要用于电子元器件标签；矩阵 25 码是 11 码的变形；Nixdorf 码已被 EAN 码所取代；Pbssey 码出现于 1971 年 5 月，主要用于图书馆等。

（2）按维数分类。

1）普通的一维条码。一维条码只在一个方向（一般是水平方向）表达信息，而在垂直方向则不表达任何信息，其一定的高度通常是为了便于阅读器对准。一维条码的应用可以提高信息录入的速度，减少差错率，可直接显示内容为英文、数字、简单符号；储存数据不多，主要依靠计算机中的关联数据库；保密性能不高；损污后可读性差。

随着条码技术的发展和条码码制的种类不断增加，条码的标准化显得越来越重要。为此，美国的相关组织曾先后制定了军用标准 1189、交叉 25 码、39 码和库德巴码 ANSI 标准 MH10.8M 等。同时，一些行业也开始建立行业标准，以适应发展的需要。此后，戴维·阿利尔又研制出的 49 码，是一种非传统的条码符号，比以往的条码符号具有更高的密度。特德·威廉斯（Ted Williams）于 1988 年推出 16K 码。该码的结构类似于 49 码，是一种比较新型的码制，适用于激光系统。

普通的一维条码自问世以来，很快得到了普及和广泛应用。但是由于一维条码所携带的信息量有限，比如商品上的条码仅能容纳 13 位（EAN-13 码）阿拉伯数字，更多的信息只能依赖商品数据库的支持。离开了预先建立的数据库，这种条码就没有意义了。因此在一定程度上也限制了条码的应用范围。基于这些原因，在 20 世纪 90 年代二维条码出现了。二维条码除了具有一维条码的优点外，同时还有信息量大、可靠性高、保密和防伪性强、易于制作、成本低等优点。

2）二维条码。在水平和垂直方向的二维空间存储信息的条码，称为二维条码（2-Dimensional Bar Code）。二维条码可直接显示英文、中文、数字、符号、图形；储存数据量大，可存放 1K 字符，可用扫描仪直接读取内容，无需依赖数据库；保密性高（可加密）；安全级别最高时，即使损污 50%仍可读取完整信息。使用二维条码可以解决如下问题：表示包括汉字、照片、指纹、签字在内的小型数据文件；在有限的面积上表示大量信息；对“物品”进行精确描述；防止各种证件、卡片及单证的伪造；在远离数据库和不便联网的地方实现数据采集。不同二维码示意图如图 2-2 所示。

Data Matrix　Maxi Code　Aztec Code　QR Code　Vericode

PDF417　Ultracode　Code 49　Code 16K

图 2-2　二维条码示意图

目前，二维条码主要有 PDF417 码、Code49 码、Code16K 码、Data Matrix 码、Maxi Code 码等，可分为堆积式或层排式二维条码（Started Bar Code）和棋盘式或矩阵式二维条码（Dot Matrix Bar Code）两大类型。

二维条码依靠其较大的信息携带量，能够把过去使用一维条码时存储于后台数据库中的信息包含在条码中，可以直接通过阅读条码得到相应的信息，并且二维条码还有错误修正技术及防伪功能，增加了数据的安全性。

二维条码可把照片、指纹信息编制于其中，可有效地解决证件的可机读和防伪问题，因此可广泛应用于护照、身份证、驾驶证、行驶证、军人证、健康证、保险卡等领域。

另外在海关报关单、长途货运单、税务报表、保险登记表上也都有使用二维条码技术来解决数据输入及防止伪造、删改表格的例子。

3）三维条码（3D Barcode）又叫多维条码、万维条码，或者数字信息全息图。相对于二维条码来说，叫做三维、多维、万维的原因是它能表示计算机中的所有信息。三维多进制条码是在传统二维条码的基础上，把原来的黑白条码转变为彩色条码，从而使编译容量得到了大幅提升。日本 Colorzip 公司获得授权并申请专利，在全球首先开发出 5×5 四色矩阵彩码，并将这项技术首先运用于 3G 手机，率先在日本和韩国取得成功。2011 年初易清互动公司成立，标志着彩码技术正式登陆中国。

2.2.4　条码技术组成

条码技术由条码本体、条码识读设备与上位计算机三层构架组成，其结构如图 2-3 所示。

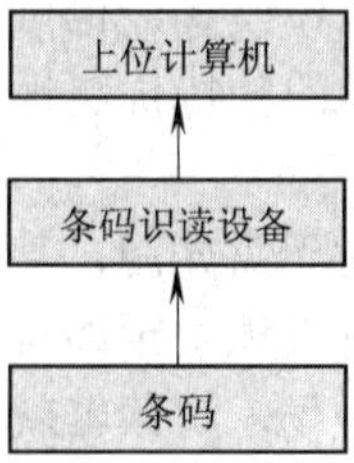

图 2-3　条码技术构成示意图

2.3　RFID 技术概述

2.3.1　RFID 的基本概念

RFID 是射频识别技术 Radio Frequency Identification 的缩写。RFID 技术是 20 世纪 90 年代开始兴起的一种自动识别技术，利用无线射频方式在阅读器和射频卡之间进行非接触双向数据传输，以达到目标识别和数据交换的目的。

RFID 技术的基本原理基于电磁理论，由标签专用芯片和标签天线组成。其主要核心部件是一个直径仅为 2 毫米不到的电子标签，通过相距几厘米到几米距离内传感器发射的无线电波，可以读取电子标签内储存的信息，识别电子标签代表的物品、人和器具的身份。RFID 的存储容量是 2 的 96 次方以上，因此，理论上它可以把世界上每一件商品用唯一的代码表示。由于长度的限制，以往使用条码，人们只能给每一类产品定义一个类码，从而无法通过代码获得每一件具体产品的信息。智能标签彻底打破了这种限制，使每一件商品都可以拥有一个独一无二的 ID。况且，商品贴上这种电子标签之后，从工厂的流水线上开始，到被摆上商场的货架，再到消费者购买结账，甚至到标签最后被回收的整个过程都能够被追踪管理。

与目前广泛使用的自动识别技术（例如摄像、条码、磁卡、IC 卡等）相比，RFID 技术具有很多突出的优点：①非接触操作，长距离识别（几厘米至几十米），完成识别工作时无须人工干预，应用便利；②无机械磨损，寿命长，并可工作于各种油渍、灰尘污染等恶劣的环境；③可识别高速运动物体并可同时识别多个电子标签；④读写器具有不直接对最终用户开放的物理接口，保证其自身的安全性；⑤数据安全方面除电子标签的密码保护外，数据部分可用一些算法实现安全管理；⑥读写器与标签之间存在相互认证的过程，实现安全通信和存储。

目前，RFID 技术在国民经济的各个领域具有广泛的用途。在安全防护领域，RFID 技术可以用于门禁保安、汽车防盗、电子物品监控；在商品生产销售领域，RFID 技术可以用于生产线自动化、仓储管理、产品防伪收银结算；在管理与数据统计领域，RFID 技术可以用于畜牧管理、运动计时；在交通运输领域，RFID 技术可以用于高速公路自动收费及交通管理、车辆和货运集装箱的识别等。

总之，RFID 技术在未来的发展中结合如 GPS、生物识别等其他高新技术，由单一识别向多功能识别方向发展，还将结合现代通信及计算机技术，实现跨地区、跨行业综合应用。

2.3.2 RFID 技术特点

RFID 是一项易于操控，简单实用且特别适合用于自动化控制的灵活性应用技术，识别工作无须人工干预，既可支持只读工作模式，也可支持读写工作模式，且无需接触或瞄准，并且可胜任各种恶劣环境，其所具备的独特优越性是其他识别技术无法企及的。

RFID 技术主要特点如下：

（1）读取方便快捷：读取数据时无需光源，甚至可以穿透外包装进行。有效识别距离更大，采用自带电池的主动标签时，有效识别距离可达到 30 米以上。

（2）识别速度快：只要一进入磁场，解读器就可以即时读取标签中的信息，而且能够同时处理多个标签，实现批量识别。

（3）数据容量大：数据容量最大的二维条码（PDF417），最多也只能存储 2725 个数字，若包含字母，条码的存储量则会更少；RFID 标签可以根据用户的需要扩充到数万个。

（4）使用寿命长，应用范围广：RFID 标签采用无线电通信方式，使其可以应用于粉尘、油污等高污染环境和放射性环境，而且其封闭式包装使得其寿命大大超过印刷的条码。

（5）标签数据可动态更改：利用编程器可以向其写入数据，从而赋予 RFID 标签交互式便携数据文件的功能，而且写入时相比打印条码更便捷。

（6）更好的安全性：RFID 标签不仅可以嵌入或附着在不同形状、类型的产品上，而且可以为标签数据的读写设置密码保护，从而具有更高的安全性。

（7）动态实时通信：RFID 标签以与每秒 50～100 次的频率与解读器进行通信，所以只要 RFID 标签所附着的物体出现在解读器的有效识别范围内，就可以对其位置进行动态的追踪和监控。

几种常见的自动识别技术的比较，见表 2-2。

表 2-2　常见的自动识别技术的比较

系统参数	条码	OCR	生物识别	智能卡	RFID
典型的数据量	1～100	1～100	—	16～64k	16～64k
数据密度	低	低	高	很高	很高
机器可读性	好	好	昂贵	好	好
人可读	有限	简单	简单	不可	不可
污渍和潮湿的影响	很高	很高	（根据具体技术）	可能（接触式）	不影响
遮盖的影响	完全失效	完全失效	（根据具体技术）	—	不影响
方向和位置的影响	低	低	—	双向	不影响
退化和磨损	有限	有限	—	有（接触）	不影响
购买成本	很低	中	很高	低	中
运行成本	低	低	无	中（接触式）	无
安全	轻微	轻微	可能	高	高
阅读速度	低，≤4s	低，≤3s	较低	较低，≤4s	很快，≤0.5s
阅读器和载体之间的最大距离	0～50cm	<1cm	0～50cm	直接接触	0～5m

基于以上 RFID 技术的特性，WalMart、Metro、Tesco 和 Target 等一些零售商，Procter & Gamble 和 Kimberly Clark 等一些制造商，包括美国国防部都对 RFID 这种技术产生了浓厚的应用和研究兴趣。

RFID 标签、条码技术和人工录入三种录入方式的效率比较，见表 2-3。

表 2-3　录入方式速率比较

数据录入方式	1 字/s	10 字/s	100 字/s	1 000 字/s
手工录入	10	100	1 000	2 小时 47 分
条码技术	2	20	200	33 分
RFID 标签	0.1	1	10	1 分 40 秒

由于具备便捷高效的特点，RFID 技术能够为世界上万事万物提供最直接的个体识别能力，被看成是物联网最重要的关键技术之一。将该技术应用于现代物流系统中，既可以提高物流企业仓储盘点、出入库和产品追踪的能力，又为客户提供更好的服务，还为实现自动化、智能化的物流系统奠定基础。

2.3.3　RFID 技术分类

根据工作频率的不同，电子标签通常可分为低频（30kHz～300kHz）、中频（3MHz～30MHz）和高频系统（300MHz～3GHz）。RFID 系统的常见工作频率有低频 125kHz、134.2kHz，中频 13.56MHz，高频 860MHz～930MHz、2.45GHz、5.8GHz 等。低频系统特点是电子标签内保存的数据量较少，阅读距离较短，电子标签外形多样，阅读天线方向性不强等；主要用于短距离、低成本的应用，如普通的门禁控制、校园卡、煤气表、水表等。中频系统则用于需传送大量数据的应用系统。高频系统的特点是电子标签及阅读器成本均较高，标签内保存的数据量较大，阅读距离较远（可达十几米），适应物体高速运动，性能好；阅读天线及电子标签天线均有较强的方向性，但其天线宽波束方向较窄且价格较高，主要用于需要较长的读写距离和高读写速度的场合，多用于火车监控、高速公路收费等系统中。

根据电子标签的不同可分为可读写卡（RW）、一次写入多次读出卡（WORM）和只读卡（RO）。RW 卡一般比 WORM 卡和 RO 卡贵得多，如电话卡、信用卡等；WORM 卡是用户可以一次性写入的卡，写入后数据不能改变，比 RW 卡要便宜；RO 卡存有一个唯一的号码，不能修改，保证了安全性。

根据电源方式可分为有源的和无源的电子标签。有源电子标签使用自带电流的能量实现长距离识别，最远可达十几米，但是它的寿命有限（3～10 年），且价格较高。无源电子标签不含电池。它接收到阅读器（读出装置）发出的微波信号后，利用阅读器发射的电磁波提供能量，一般可做到免维护，其重量较轻、体积小、寿命长、价格便宜，但发射距离受限制，一般仅有几十厘米，且需要发射功率大的阅读器。

根据调制方式的不同还可分为主动式（Active Tag）和被动式（Passive Tag）电子标签。主动式电子标签使用自身的射频能量主动地给读写器发送数据，常用于有障碍物的场合，或者距离较远（可达 30 米）的场合；被动式电子标签使用调制散射方式发射数据，它必须利用阅读器读写器的载波调制自己的信号，适宜在门禁或交通系统中使用。

2.3.4　RFID 技术组成

RFID 系统一般由标签、天线、复用器、分支器、读写器、计算机等结构组成。图 2-4 是一个较完整的 RFID 系统结构图。

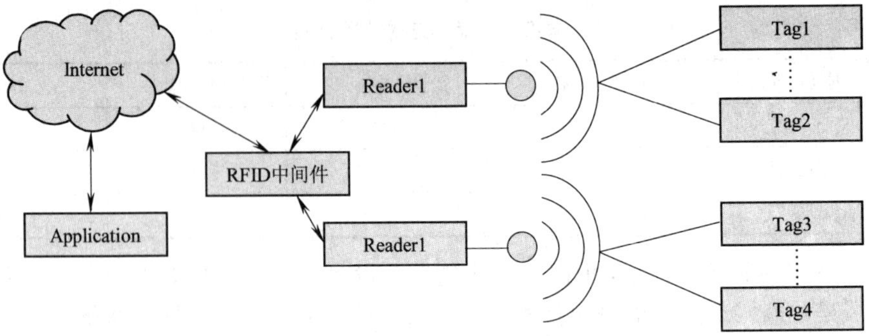

图 2-4　RFID 系统结构图

2.4　传感器网技术概述

2.4.1　传感器技术的基本概念

传感器是能够感知物体环境的物理和化学信息，并将信息以电子信号的方式传送给接收终端的电子设备。其本身所具有应用相关、以数据为中心、自组织结构、资源受限、动态性强等特征使其得到了广泛的应用。对传感器附近的环境信息如温度、湿度、光照、压力等信息进行感知和数据表现。传感器网是包含互联的传感器节点的网络，利用有线或无线通信技术使节点间能够相互交换信息。传感器各个节点的组成主要包括传感器本身以及可进行联网和数据处理的组件设备。无线传感器作为新一代的传感通信方式，主要由分布在能够进行无线通信且功耗低、体积小的传感节点组成，这些节点能够对环境信息进行采集和处理，同时还具有自组织和无线通信的能力，由众多的传感器节点相互协作能够帮助企业或组织实现对大规模环境信息进行监测的任务。在整个无线传感器网络中，少数节点负责数据的汇集和处理，保持与网络系统进行通信。这些节点是负责将感知的信号传递给汇聚节点。但由于传感器不能对物体进行唯一的标识，因此要想将其信息在物流信息系统中共享和应用，就需要与 RFID 等识别技术相结合，以此来发挥其更加重要的作用。传感器网络结构原理如图 2-5 所示。

图 2-5　传感器网络示意图

将无线传感器节点布置在智能物流信息系统的各个环节的物理环境中，这些节点可以通过自组织的方式进行组网，从而感知、采集和处理所在附近区域中的环境信息，实现对所在环境状态的实时监测和管理。无线传感器的自组织形式是以多跳中继方式组成网络并将数据发送到接收和发送节点，由发送和接受节点与计算机网络系统相连，供智能物流信息系统的上层应用。这些分布在不同区域的传感器节点群、数据接收和发送节点、

Internet 构成了传感器网络。

物流信息系统中的传感网分布在商品加工、运输、仓储和配送的各个环节与 RFID 技术相结合，检测和感知商品状态，提高物流系统的效率，降低商品运输中的损坏率，为突发事件提供更加可预测的数据基础，让关心商品的客户或企业可以时刻与商品进行“交流和沟通”。感知网络的应用是实现智能化和可视化物流最为重要的基础信息来源之一。

2.4.2 传感网络接入技术

系统功能的实现涉及近程通信技术和远程运输技术。近程通信技术主要是指 RFID、蓝牙技术等。远程运输技术包括互联网的组网、网关等技术。作为为物流系统提供信息传递和服务支撑的基础通道，通过增强现有网络通信技术的专业性与互联功能，以适应系统低移动性、低数据率的业务需求，实现信息安全且可靠的传送，传感网络接入技术是当前基于物联网应用研究的一个重点。

传感器网络通信技术包括广域网络通信和近距离通信等两个方面。广域网络通信主要包括 IP 互联网、2G/3G 移动通信、卫星通信等技术，而以 iPv6 为核心的新联网的发展，更为物联网提供了高效的传送通道。在近距离通信方面，当前的主流是以 IEEE802.15.4 为代表的近距离通信技术。M2M 技术也是实现数据传输的关键。M2M 可以实现技术结合的远距离连接技术有 GSM、GPRS、UMTS 等，WIFI、蓝牙、Zigbee、RFID 和 UWB 等近距离连接技术也可以与之相结合，以及 XML 和 Corba 和基于 GPS、无线终端和网络的位置服务等技术等。M2M 可广泛应用于安全监测、自动售货机、货物跟踪等领域。

2.4.3 Zigbee 技术

在传感器网技术中，Zigbee 技术是当今广泛应用的全新技术之一。它基于 IEEE802.15.4 标准的低功耗个域网协议。根据这个协议规定的技术是一种短距离、低功耗的无线通信技术。这一名称来源于蜜蜂的八字舞，由于蜜蜂（Bee）是靠飞翔和“嗡嗡”（Zig）地抖动翅膀的“舞蹈”来与同伴传递花粉所在方位信息，也就是说蜜蜂依靠这样的方式构成了群体中的通信网络。其特点是近距离、低复杂度、自组织、低功耗、低数据速率、低成本，主要适合用于自动控制和远程控制领域，可以嵌入各种设备。简而言之，Zigbee 就是一种便宜的、低功耗的、近距离无线组网通信技术。

Zigbee 协定层从下到上分别为实体层（PHY）、媒体存取层（MAC）、网络层（NWK）、应用层(APL)等。网络装置的角色可分为 Zigbee Coordinator、Zigbee Router、Zigbee End Device 等三种。

2.5 地理信息系统（GIS）技术概述

2.5.1 地理信息系统的基本概念

地理学的发展与人类生产活动中的技术进步有密切关系。计算机技术、空间技术和自动化技术等现代高新技术的应用，为信息时代地理学的发展开拓了更加广阔的前景。信息时代的地理学，对地理信息的采集、管理、分析提出了更高的要求，于是地理信息系统应运而生，从而使地理学向精密科学迈进。地理信息系统（GIS）、遥感（RS）技术和全球定位系统（GPS）三者有机结合（称为 3S 技术），使 GIS 技术应用的深度和广度达到一个新水平，构成地理学日臻完善的技术体系。

GIS 是以地图为基础，管理和分析空间数据的技术，能及时提供有关国土整治、区域规划、可持续发展等宏观的辅助决策信息，可作为生产、管理和决策的依据。

地理信息是指表示地理环境诸要素的数量、质量、分布特征及其相互联系和变化规律的数字、文字、图像和图形等的总称。

从地理实体到地理数据，从地理数据再到地理信息的发展，是人类认识地理事务的一次飞跃。

地理信息系统是在计算机软件和硬件支持下，对地理环境诸要素进行采集、存储、管理、分析、显示与应用地理信息的计算机系统。简而言之，地理信息系统就是综合处理和分析地理空间数据的一种技术系统，也称为土地资源信息系统，在我国有时也称为资源与环境信息系统。目前，国内外相关机构已研制了一批 GIS 工具软件，如美国环境系统研究所研制的 ARC/INFO 系统、中国地质大学研制的微机地理信息系统工具 MAPGIS 等。

2.5.2 地理信息系统的特点

地理信息的主要特征有：

（1）地理信息属于空间信息。这是地理信息区别于其他类型信息的显著标志。地理信息位置的识别是通过经纬网或方里网建立的地理坐标来实现空间位置的识别。

（2）地理信息具有多维结构的特征。在二维空间的基础上实现多专题的第三维结构，而各个专题型、实体型之间的联系是通过属性码实现的。

（3）地理信息的时序特征十分明显。可以按照时间尺度将地理信息划分为超短期（如台风、地震）、短期（如江河洪水、寒潮）、中期（如土地利用、农作物估产）、长期（如水土流失、城市化）、超长期（如气候变化、地壳变动）等类型。

2.5.3 地理信息系统的分类

1．按内容分类

地理信息系统按内容可分为城市信息系统、自然资源查询信息系统、土地管理信息系统等类型。

（1）城市信息系统：在计算机系统的支持下，把各种与城市有关的信息按照空间分布及属性，以一定的格式输入、处理、管理、空间分析、输出，用以反映城市规模、生产、功能结构、生态环境及其管理的信息系统。城市信息系统种类繁多，既有综合的又有专业性的，但信息源都包括社会经济与自然资源两类信息。建立城市信息系统，不仅对规划、管理、决策与合理分配社会服务是必要的，而且有关土地、环境、人口、居住、社会、经济、社会服务与基础结构方面的高质量信息也是增加国民经济收入，提高人民物质和精神生活水平，减少社会劳动支出所必需的。

（2）自然资源查询信息系统：随着地理信息系统的应用，规划工作者可将地面覆盖和地形数据及与其相关的地表径流、汇水盆地面积和地表形态等不同的环境参数联系起来。这种方法可把不同水源、水质的数据输入到综合系统，后者能结合和参照如一般图像、陆地卫星图像和地面调查的表列数据那样的各种数据元。这样，环境规划工作者就可检索各类数据元；否则，就必须以人工调查代替。利用计算机数据库的信息系统，同样能精确地得到像通用的土壤流失方程式那样的模型。它对农业污染程度的预测以及根据包括土壤、坡度、植物覆盖率、面积及空间分布的流域参数，作出农业非点源污染潜在转移的合理判断。

（3）土地管理信息系统是对土地空间特性进行管理的系统软件。土地空间特性包括土地的地理位置、相邻关系，图层的划分及与土地相关的各种空间属性和人文属性。土地的这种空间特性为地理信息系统的应用提供广阔的天地。地理信息系统最初的应用领域就是建立与土地管理、土地规划相关（包括地籍管理、土地数据库等有关系统的管理和规划等）的土地信息系统（LIS）。因此，地理信息系统是进行土地管理，建立土地信息系统的最佳平台。

2. 按照功能分类

地理信息系统按照功能分为专题地理信息系统、区域地理信息系统和地理信息系统工具三大类。

（1）专题地理信息系统是以某一专业、任务或现象为主要内容的 GIS，为特定的专门目的服务，如森林动态监测信息系统、农作物估产信息系统、水土流失信息系统和土地管理信息系统等。

（2）区域地理信息系统主要以区域综合研究和全面信息服务为目标。区域可以是行政区，如国家级、省级、市级和县级等区域信息系统，也可以是自然区域，如黄土高原区、黄淮海平原区和黄河流域等区域信息系统，还可以是经济区域，如京津唐区和沪宁杭区等区域信息系统。

（3）地理信息系统工具是一组包括 GIS 基本功能的软件包，一般包括图形图像数字化、存储管理、查询检索、分析运算和多种输出等地理信息系统的基本功能，但是没有具体的应用目标，只是供其他系统调用或用户进行二次开发的操作平台。因为在应用地理信息系统解决实际问题时，有大量软件开发任务，有了工具型 GIS，只要在工具型 GIS 中加入地理空间数据，加上专题模型和界面，就可以开发成为一个应用型的 GIS 了。GIS 工具软件适合用于建立专题或区域性实用 GIS 的支撑软件，也可作教学软件，如 ARC/INFO、MAPGIS 和 CITYSTAR 等均属此类，地理信息系统如图 2-6 所示。

除此之外，GIS 还可以按照系统性能、系统开发、数据结构、用户类型、数据容量等进行分类。

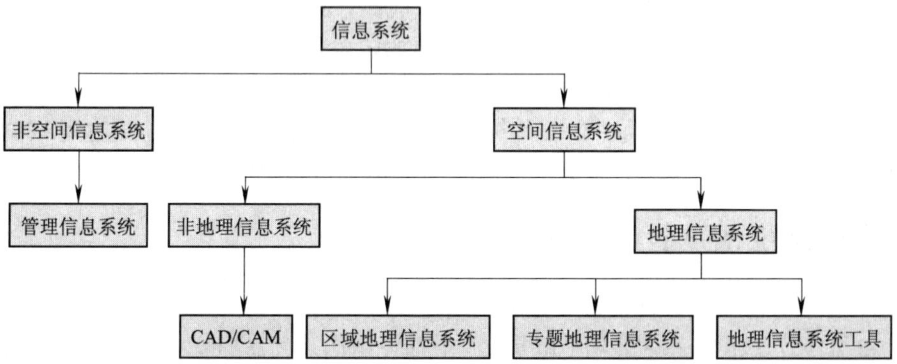

图 2-6　地理信息系统示意图

2.5.4 地理信息系统的组成

地理信息系统主要由四部分组成，即计算机硬件系统、计算机软件系统、地理数据和应用人员。GIS 的组成如图 2-7 所示。

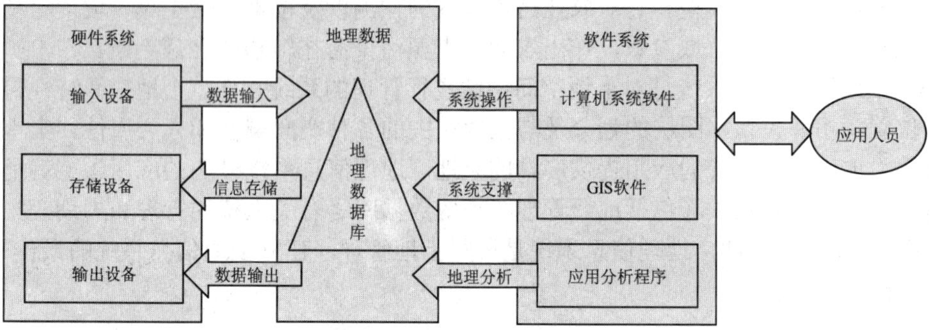

图 2-7 GIS 系统组成示意图

2.6 全球定位系统（GPS）技术概述

2.6.1 全球定位系统的概念

GPS 的全称是 Global Position System，直译为“全球定位系统”，是美国从 20 世纪 70 年代开始研制，历时 20 年，耗资 200 亿美元，于 1994 年建成，具有在海、陆、空全方位实时三维导航与定位能力的卫星导航与定位系统。GPS 卫星由 24 颗高度约 2.02 万千米的卫星组成卫星星座，其中 21 颗为导航卫星、3 颗为备用星。这 24 颗卫星均为近圆形轨道，运行周期约为 11 小时 58 分，分布在六个轨道面上（每轨道面四颗），轨道倾角为 55°。卫星的分布使得在全球的任何地方、任何时间都可以观测到四颗以上的卫星，具有提供在时间上连续的全球导航能力。它可以在任何天气条件下、全球任何地方工作。该系统由美国政府运营，且其精度和维护也由美国政府完全负责，是一种全球性、全天候、连续的卫星无线导航系统，可向用户提供连续、实时、高精度的位置、速度、时间信息。

GPS 导航系统能够向全球各地全天候地提供三维位置、三维速度等信息的一种无线电导航定位系统。它由三部分构成，一是地面控制部分，由主控站、地面天线、监测站及通信辅助系统组成；二是空间部分，由 24 颗卫星组成，分布在 6 个轨道平面；三是用户装置部分，由 GPS 接收机和卫星天线组成。现在民用的定位精度可达 10 米以内。

GPS 能够实现数据采集、故障诊断、跟踪监测、卫星导航、电文编辑等功能。用户端使用 GPS 接收设备实现定位导航功能，用于获得地理位置信息以及准确的通用协调时间。GPS 是将现实虚拟化实现了物与物、物与人等大部分物品与网络的连接，使物品方便识别、管理和控制。

2.6.2 全球定位系统的定位功能

具体说来，GPS 主要有以下几个方面的功能：

（1）自动导航。GPS 的主要功能就是自主导航，可用于武器导航、车辆导航、船舶导航、飞机导航、星际导航和个人导航。GPS 通过接收终端向用户提供位置、时间信息，也可结合电子地图进行移动平台航迹显示、行驶线路规划和行驶时间估算。对军事而言，GPS 可提高部队的机动作战和快速反应能力；在民用上也可以提高民用运输工具的运载效率，节约社会成本。

（2）指挥监控。将 GPS 的导航定位和数字短报文通信基本功能进行有机结合，利用系统特殊的定位机制，将移动目标的位置信息和其他相关信息传送至指挥所，完成移动目标的动态可视化显示和指挥指令的发送，实现移动目标的指挥监控。

（3）跟踪车辆、船舶。为了随时掌握车辆和船舶的动态，实现地面计算机终端实时显示车辆、船舶的实际位置，了解货运情况，实施有效的监控和快速运转。

（4）信息传递和查询。利用 GPS，管理中心可对车辆、船舶提供相关的气象、交通、指挥等信息；而行进中的车辆、船舶也可将动态信息传递给管理中心，实现信息的双向交流。

（5）及时报警。通过使用 GPS，及时掌握运输装备的异常情况，接受求救信息和报警信息，并迅速传递到管理中心，从而实行紧急救援。

2.6.3　全球定位系统的特点

（1）定位精度高。经应用实践证明，GPS 相对定位精度在 50km 以内可达 10^{-6}，100～500km 可达 10^{-7}，1 000km 可达 10^{-9}。在 300～1 500m 工程精密定位中，1h 以上观测的平面位置误差小于 1mm，与 ME-5 000 电磁波测距仪测定得边长比较，其边长较差最大为 0.5mm，较差中误差为 0.3mm。

（2）定位快速、高效。随着 GPS 系统软件的不断更新升级，实时定位所需时间也越来越短。目前，20km 以内相对静态定位，仅需 15～20min；快速静态相对定位测量时，当每个流动站与基准站相距在 15km 以内时，流动站观测时间只需 1～2min，然后可随时定位，每站观测只需几秒钟。目前 GPS 接收机的一次定位和测速工作在 1s 甚至更短的时间内便可完成。

（3）功能多样、应用广泛。GPS 系统不仅能够定位导航，还具有跟踪、监控、测绘等功能。作为军民两用的系统，尤其是在民用领域应用广泛。GPS 系统还可用于测速、测时，测速的精度可达 0.1m/s，测时的精度可达几十毫微秒。

（4）测算三维坐标。常用的大地测量方式是将平面与高程采用不同方法分别施测。而 GPS 可同时精确测定测站点的三维坐标。目前 GPS 甚至可满足四等水准测量的精度。

（5）操作简单。随着 GPS 接收机不断改进，自动化程度越来越高，极大简化了操作步骤，使用起来更方便；接收机的体积越来越小，重量越来越轻，在很大程度上减轻了使用者劳动强度和工作压力，使工作变得更加轻松简单。

（6）全天候，不受天气影响。由于 GPS 卫星数目较多且分布合理，所以在地球上任何地点均可连续同时观测到至少 4 颗卫星，从而保障了全球、全天候连续实时导航与定位的需要。目前 GPS 观测可在一天 24h 内的任何时间进行，不受阴天黑夜、起雾刮风、下雨下雪等不良气候的影响。GPS 还广泛应用在天文台、通信系统基站、电视台的精确定时，道路、桥梁、隧道的施工中大量采用 GPS 设备进行工程测量，野外勘探及城区规划中的勘探测绘等。

2.6.4　全球定位系统的组成

全球定位系统由三大部分构成：空间部分—— GPS 卫星星座；地面控制部分——地面监控系统；用户设备部分—— GPS 信号接收机。其中，空间部分由卫星星座构成，地面控制部分由地面卫星控制中心进行管理；用户部分则由军用和民用研发厂商开发、销售、服务。空间部分和控制部分目前均由美国国防部掌握。GPS 典型应用系统如图 2-8 所示。

2.7 其他相关技术概述

2.7.1 中间件技术

中间件是物联网应用中的关键软件部件，是衔接相关硬件设备和业务应用的桥梁，主要功能是屏蔽异构性、实现互操作和信息的预处理等。

（1）屏蔽异构性表现在计算机的软件与硬件之间的异构性，包括硬件（CPU 和指令集、硬件结构、驱动程序等）、操作系统（不同操作系统的 API 和开发环境）、数据库（不同的存储和访问格式）等。造成异构的原因源自市场竞争、技术升级以及保护投资等因素。物联网中的异构性主要体现在以下两方面：

1）物联网中底层的信息采集设备种类众多，如传感器、RFID、二维码、摄像头以及 GPS 等，而这些信息采集设备及其网关拥有不同的硬件结构、驱动程序和操作系统等。

2）不同的设备所采集的数据格式不同，这就需要中间件将所有这些数据进行格式转化，以便应用系统可直接处理这些数据。中间件结构如图 2-9 所示。

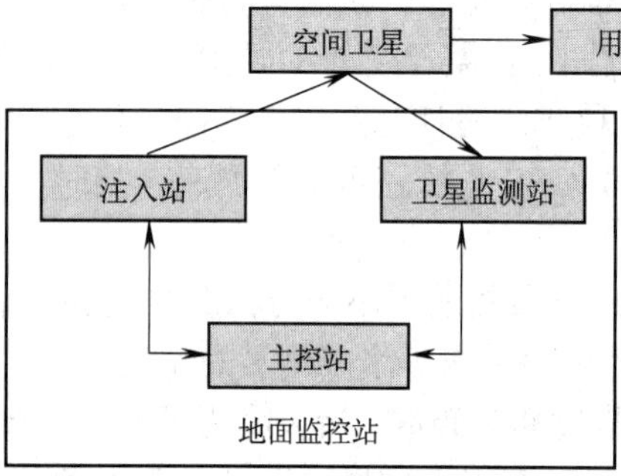

图 2-8 GPS 典型应用系统示意图

图 2-9 中间件结构示意图

（2）实现互操作。在物联网中，同一个信息采集设备所采集的信息可能要供给多个应用系统，不同的应用系统之间的数据也需要相互共享和互通。但是因为异构性，不同应用系统所产生的数据结果依赖于计算环境，使得各种软件之间在不同平台之间不能移植，或者移植非常困难。而且，因为网络协议和通信机制的不同，还使这些系统之间不能有效地相互集成。因此，有必要通过中间件建立一个通用平台，从而实现各应用系统、应用平台之间的互操作。

（3）数据的预处理。物联网的感知层采集到海量的信息，如果把这些信息直接传输给应用系统，那应用系统将不堪重负，甚至面临崩溃的危险，并且应用系统需要的并不是这些原始数据，而是对其有意义的综合性信息。这就需要中间件平台将这些海量信息进行过滤和预处理，融合成有意义的事件再传给应用系统。数据过滤功能示意如图 2-10 所示。

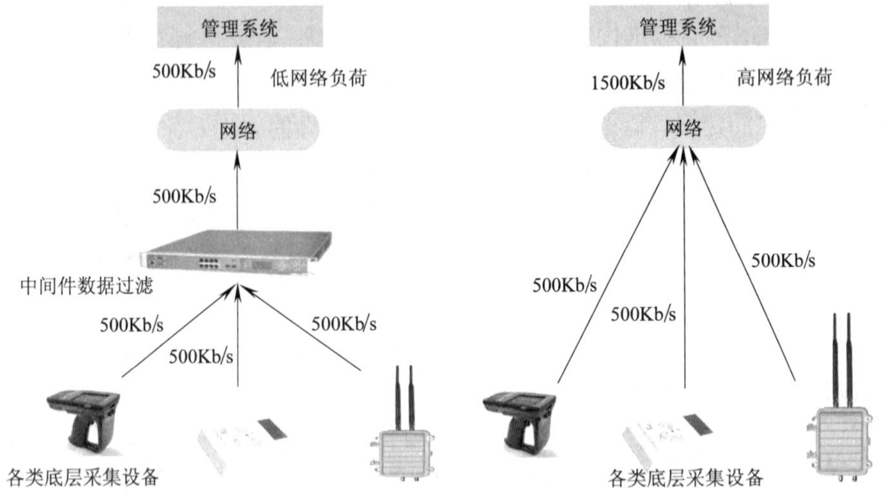

图 2-10　中间件数据过滤功能示意图

2.7.2　EPC 技术

产品电子代码（EPC）是一种标识方案，通过 RFID 标签和其他方式普遍地识别物理对象。标准化 EPC 数据包括独特地标识个别对象的 EPC（或 EPC 识别符）以及为能有效地解读 EPC 标签认为有必要的可选过滤值。

EPC 编码的通用结构由一个分层次、可变长度的标头以及一系列数字字段组成，代码的总长、结构和功能完全由标头的值决定。EPC 结构示意图如图 2-11 所示。

图 2-11　EPC 结构示意图

标头定义了总长、识别类型（功能）和 EPC 编码结构，包括它的滤值（如果有的话）。标头具有可变长度，使用分层的方法，其中每一层 0 值指示标头是从下一层抽出的。对规范（V1.1）中制定的编码来说，标头是 2 位或者 8 位。假定 0 值保留来指示一个标头在下面较长层中，2 位的标头有 3 个可能的值（01、10 和 11，不是 00），8 位标头可能有 63 个可能的值（标头前两位必须是 00，而 00000000 保留，以允许使用长度大于 8 位的标头）。标头值的分配规则使标签长度可以通过检查标头的最左几位（或称为“序码”）很容易被识别出来。此外，设计目标在于对每一个标签长度尽可能有较少的序码，理想为 1 位，最好不要超过 2 位或者 3 位。后一目标提醒我们如果可能，避免采用那些容许非常少头字段值的序码。这个序码到标签长度的目的是让 RFID 识读器可以很容易确定标签长度。

EPC 编码中厂商识别代码与剩下的位之间有清楚的划分，每一个都单独编码成二进制。因此，从一个传统的 EAN•UCC 系统代码的十进制表现形式进行转换并对 EPC 编码需要了解厂商识别代码长度方面单独的知识。EPC 编码不包括校验位。因此，从 EPC 编码到传统的十进制表示的代码的转换需要根据其他的位重新计算校验位。

下面以 EPC 编码中的系列化全球贸易标识代码（SGTIN）为例进行说明：

（1）系列化全球贸易标示代码（SGTIN）。SGTIN 是一种新的标识类型，它基于在国际物品编码协会（EAN•UCC）通用规范中的全球贸易项目代码（GTIN）。一个单独的 GTIN 不符合 EPC 纯标识中的定义，因为它不能唯一标识一个具体的物理对象。GTIN 标识一个特定的对象类，比如一个特定产品类或库存量单位（SKU）。

为了给单个对象创建一个唯一的标志符，GTIN 增加了一个序列号，管理实体负责分配唯一的序列号给单个对象分类。GTIN 与唯一序列号的结合，称为一个系列化 GTIN，即 SGTIN。SGTIN 由以下信息元素组成：

1）厂商识别代码，由 EAN 或 UCC 分配给管理实体。厂商识别代码在一个 EAN•UCC GTIN 十进制编码内同厂商识别代码位相同。

2）项目代码，由管理实体分配给一个特定对象分类。EPC 编码中的项目代码是从 GTIN 中获得，通过连接 GTIN 的指示位和项目代码位，看做一个单一整数而得到。

3）序列号，由管理实体分配给一个单个对象。序列号不是 GTIN 的一部分，但是正式成为 SGTIN 的组成部分。系列化全球贸易标示代码转化示意图如图 2-12 所示。

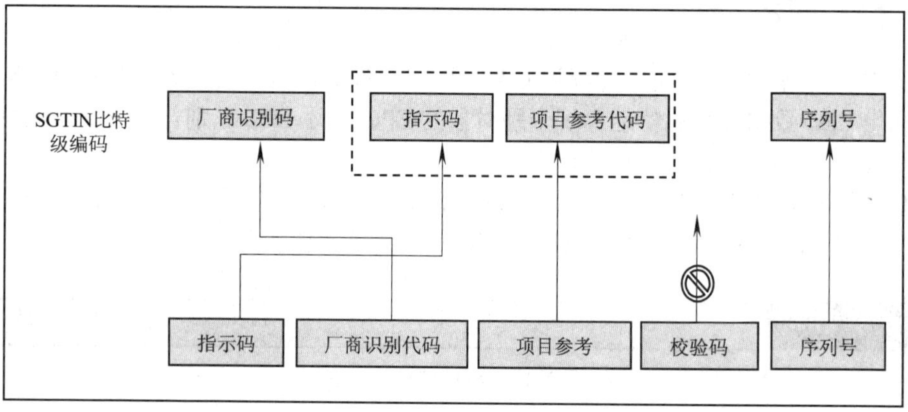

图 2-12　系列化全球贸易标示代码转化示意图

SGTIN 的 EPC 编码方案允许 EAN•UCC 系统标准 GTIN 和序列号直接嵌入 EPC 标签。所有情况下，校验位不进行编码。

（2）SGTIN-96。除了标头之外，SGTIN-96 由滤值、分区、厂商识别代码、贸易项代码、序列号 5 个字段组成，见表 2-4。

表 2-4　SGTIN-96 的结构、标头和最大十进制值

	标　头	滤　值	分　区	厂商识别代码	贸易项代码	系　列　号
SGTIN-96	8 位	3 位	3 位	20～40 位	24～4 位	38 位
	00110000（二进制值）	（值参照表 2-5）	8（十进制）	999999～999999999999（最大十进制范围）	9999999～9（最大十进制范围）	274 877 906 943（最大十进制值）

SGTIN 滤值转化表见表 2-5。

表 2-5　SGTIN 滤值转化表（非规范）

类　型	二进制值
所有其他	000
零售消费者贸易项目	001
标准贸易项目组合	010
单一货运/消费者贸易项目	011
保留	100
保留	101
保留	110
保留	111

分区指示随后的厂商识别代码和贸易项代码的分开位置。这个结构与 EAN•UCC GTIN 中的结构相匹配，在 EAN•UCC GTIN 中，贸易项代码加上厂商识别代码（加唯一的指示位）共 13 位。厂商识别代码在 6 位到 12 位之间，贸易项代码（包括单一指示位）在 7 位到 1 位之间。分区的可用值以及厂商识别代码和贸易项代码字段的相关大小在表 2-6 中定义。

厂商识别代码包含 EAN•UCC 厂商识别代码的一个逐位编码。

贸易项代码包含 GTIN 贸易项代码的一个逐位编码。指示位同贸易项代码字段用以下方式结合：贸易项代码中以零开头是非常重要的，把指示位放在域中最左位置。例如 00235 同 235 是不同的；如果指示位为 1，结合 00235，可得 100235。结果组合看做一个整数，编码成二进制作为贸易项代码字段。

序列号包含一个连续的数字。这个连续的数字的容量小于 EAN•UCC 系统规范序列号的最大值，而且在这个连续的数字中只包含数字。SGTIN-96 分区见表 2-6。

表 2-6　SGTIN-96 分区示意表

分区值	厂商识别代码		项目参考代码和指示位数字	
	二进制	十进制	二进制	十进制
0	40	12	4	1
1	37	11	7	2
2	34	10	10	3
3	30	9	14	4
4	27	8	17	5
5	24	7	20	6
6	20	6	24	7

2.7.3　EPC 编码与 GTIN 编码的相互转换

制订一个新的编码体系，应当以现实应用为基础，并且考虑到与原有编码体系的兼容性和衔接性。现行的 GTIN 编码体系在世界各国已经普遍应用，而且在产品识别与物流领域起到了重要作用。鉴于此，新一代的 EPC 编码体系将在技术突破与结构创新的同时，将 GTIN 的编码结构有选择性地整合进来，使对 GTIN 编码的应用逐渐过渡到对 EPC 编码的应用，而不是将 EPC 编码立即完全取代 GTIN 编码，以实现技术上的兼容性与使用上的连续性。因此，这两种编码体系之间的相互转换将影响到 RFID 技术的普及应用。

GTIN 是全球贸易项目编码（Global Trade Item Number）的英文简写。GTIN 是国际物品编码协会（EAN•UCC）组织对贸易项目（包括产品与服务），在买卖、运输、仓储、零售与贸易运输结算过程中提供的唯一标识。它用一种全数字的标识系统为产品和信息的流通提供了一种准确、有效、经济的管理方式。GTIN 具有在全球流通范围内提供唯一标识的能力，使用最普遍的就是 UPC 和 EAN-13。

GTIN 是 EAN/UCC 用来对世界范围内的贸易项目进行唯一标识的编码体系。GTIN 有四种不同的结构，即 UCC-12、EAN/UCC-13、EAN/UCC-14、EAN/UCC-8。

GTIN 码一般由扩展位、国家代码、厂商代码、产品代码、校验位等几部分组成；而 EPC 码主要由标头、滤值、分区值、国家代码、厂商代码、产品代码及序列号等部分组成。各个代码之间只是组织形式的不同。因此它们之间的相互转换就是将源码地各部分代码分离开，再按照目标码的规则变换、组合得到。本书以全球贸易项目代码（GTIN）与系列化全球贸易标示代码（SGTIN，96 位长度）的转换为例进行说明。

GTIN 到 SGTIN 的转换主要分为分类、分段转换、组合几个步骤。现以 EAN13 码“6901010101098”转换为 96 位 EPC 码为例。

步骤 1：分类。首先确定“6901010101098”是一个 EAN13 码，现欲将其转换的 EPC 目标码为 SGTIN-96，同时可以确定 SGTIN 的标头为“00110000”。

步骤 2：根据 EAN13 码的编码规则，将扩展位、国家代码、厂商代码、产品代码、校验位等部分分离。其中 EAN 码中的国家代码和厂商代码合起来就是 SGTIN-96 中的厂商识别码。而 SGTIN-96 中的序列号在 EAN 中没有体现，因此要根据拣选中心作业需要进行编码生成。以“6901010101098”为例可知，“690”为国家代码（中国），厂商代码为“1010”，因此转换为对应的 SGTIN-96 的厂商识别码就是“6901010”。而 EPC 中选择厂商识别码为 24 位。因此分区值为 5，二进制为“101”，厂商识别码为“011010010100110100010010”。而 SGTIN-96 中的滤值假定为“011”（包装箱）。而贸易项目代码由“6901010101098”中的“10109”，即 SGTIN 中的贸易项目代码二进制为“00000010011101111101”（20 位）。最后给出 SGTIN 中的序列号“123456789”，转换为二进制为“00000000000111010110111100110100010101”（38 位）。

步骤 3：组合。经过转换的二进制进行组合就是 SGTIN 的 96 位编码了，因此“69010101098”加上序列号“123456789”转换为 SGTIN 的二进制编码为“001100000111010110100101 001101000100100000001001110111110100000000000111010110111100110100010101”（96 位）。转换为 16 进制数值为“3075A5344809DF40075BCD13”。

其他 EAN•UCC 编码与 EPC 编码的转换方法与此类似。

2.8 思考题

1．请列举三条 RFID 技术相对于条码技术的优势。
2．请思考中间件技术的两个主要功能。
3．请思考本章介绍的技术在生活中的应用，并列举相关例子。
4．你认为未来物流应该是什么样的？
5．请思考本章涉及的四大关键技术是如何在智能物流系统中应用的。

第 3 章
智能物流系统实训平台概述

3.1 智能物流系统实训平台介绍

智能物流系统实训平台面向高等院校物流管理相关专业学生，以智能物联网实验室为基础，利用物联网和无线网络等先进技术，模拟商品的生产、配送、运输和销售等整个供应链过程，以及对商品全生命周期的追溯与可视化管理，将实际场景运用于物流实验培训系统中，是培养学生适应现代物流技术发展趋势的一种新理念和新工具。

实训平台包括生产、仓储、配送、运输、超市后台管理、超市前台销售六大环节，贯穿商品生命周期全过程，采用物联网技术与智能处理技术，创造智能物流系统实验环境。智能物流系统实体平台的整体示意图如图 3-1 所示。

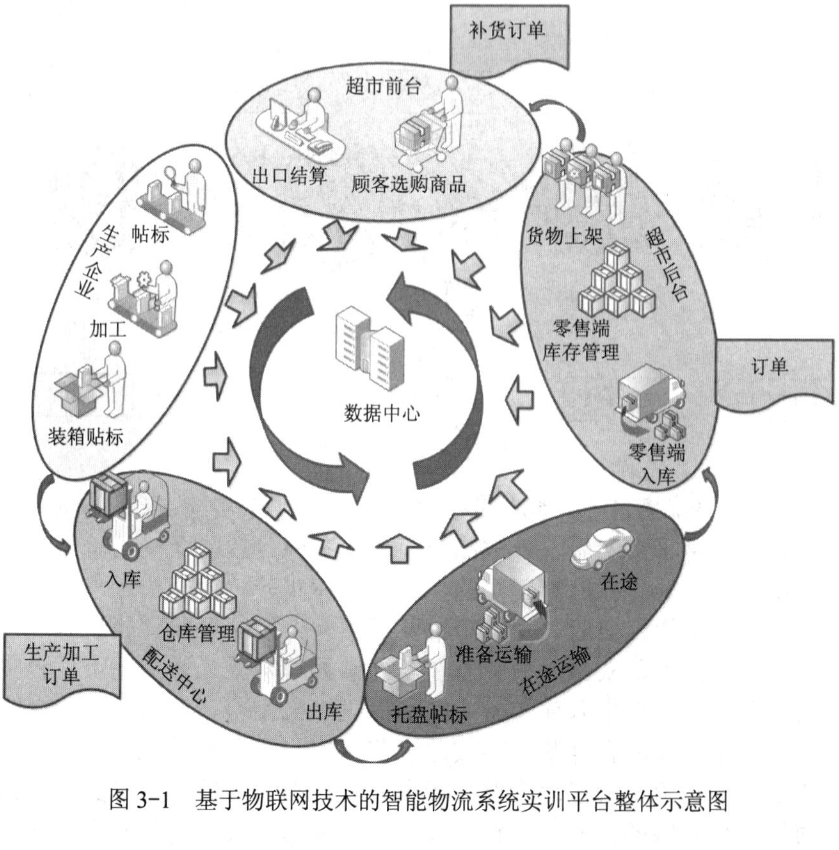

图 3-1　基于物联网技术的智能物流系统实训平台整体示意图

系统从生产工厂开始模拟。当生产工厂接收到配送中心的生产加工订单后，制订生产计划，开始生产。生产过程包括毛坯贴标、毛坯入库、加工三个环节，然后将带有唯一标识的产品运送到配送中心。配送中心的管理过程包括商品的入库、在库管理、出库、装箱贴标、托盘贴标、准备运输六个环节。当配送中心接收到来自超市的订单后，根据订单生成出库单与配送单，然后出库发货。发货后商品进入在途环节，在途环节车辆向数据中心向发送在途信息，以供配送中心与超市实时查看。当货物送至超市后，则进入超市后台管理环节，包括商品的入库、在库管理以及货物的上架。当超市后台接收到前台的补货单后，则根据补货单生成出库单，货物上架。在超市前台，顾客使用智能购物车选购商品。智能物资管理系统可以实时更新在库货物信息，当有商品数量减少到一定数量时发出警告。管理人员根据库存情况与销售情况下补货订单，通知后台补货。整个流程如图 3-2 所示。

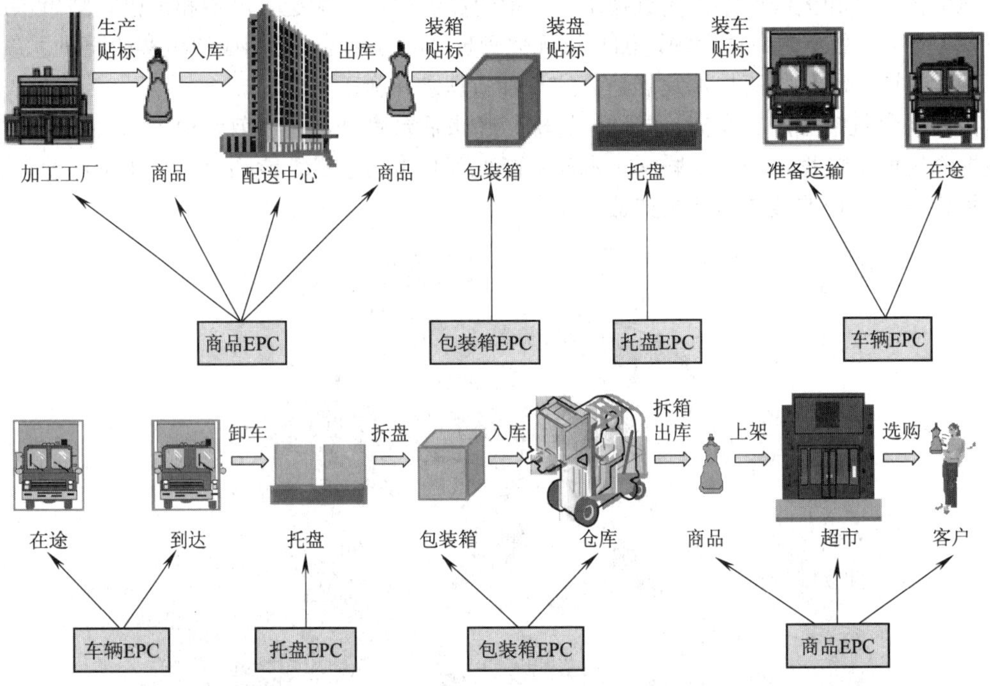

图 3-2　业务流程图

在整体实验环节中，智能生产物流实训子系统包含四个实验：毛坯贴标实验、毛坯入库实验、生产环境信息采集实验、产成品装箱入库实验。智能仓储实验子系统包括入库质检实验、装箱上架实验、在库管理实验、装盘出库实验。智能配送子系统包括产品包装绑定实验、产品装车绑定实验、司机车辆匹配实验。智能运输实验子系统包括车辆位置监控实验、产品在途追踪实验、车辆监控与异常处理实验。智能超市后台实验子系统包括产品签收实验、产品拆盘入库实验、产品拆盘上架实验、产品在库监控实验。智能超市前台实验子系统包括前台补货上架实验、前台用户注册与管理实验、前台货物查看实验、前台选购商品实验。智能综合服务子系统包括退货与问题追踪实验、托盘管理服务实验、购物行为分析服务实验、全程追溯实验。在这些实验中，利用最新的物联网技术和智能处理技术，就构成了整体的智能物流系统实训平台。具体流程示意图如图 3-3 所示。

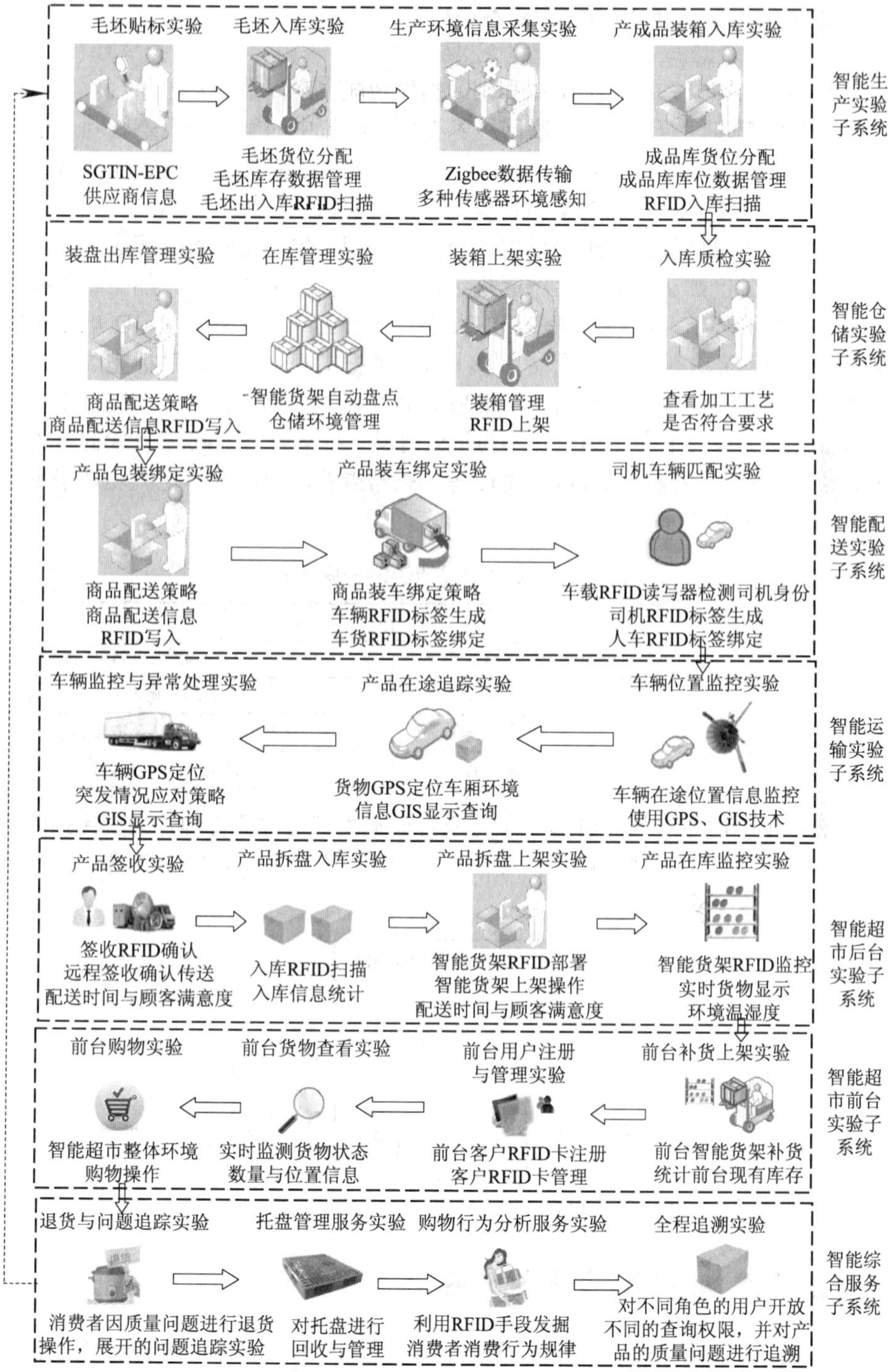

图 3-3　智能物流系统实训平台具体流程示意图

3.2 智能物流系统实训平台各子系统介绍

3.2.1 智能生产物流实训子系统介绍

智能生产物流实训子系统是为学生和教师提供智能生产环节的实验平台。生产环节是整个物流实训平台的起点，着重体现物联网技术在生产物流中的重要应用，有利于培养学生对于智能生产物流实训子系统的了解和学习。在本系统中，将利用先进的 Zigbee 技术、各类传感器技术、立体库技术等，构建典型的智能生产物流实训子系统。

在生产环节，可以通过模拟平台模拟整个生产过程。生产企业根据配送中心的补货信息制订生产计划进行生产加工活动。生产流程包括毛坯贴标、毛坯入库、加工、成品入库四个环节。首先，在贴标环节利用超高频 RFID 技术，在加工产品前贴上 RFID 电子标签，同时借助 EPC 技术注册 ONS 信息，将商品信息上传到数据中心；当商品贴标完成后，移入毛坯库，进入到待生产状态；在加工环节，毛坯库中贴好标的毛坯件自动出库进行生产；生产过程中，读写器将记录每一个产品加工开始与结束时间，并添加由 Zigbee 获取的相关加工参数到数据中心，其中加工参数包括温度、湿度等。总结来看，智能生产物流实训子系统共提供四项实验内容，见表 3-1。

表 3-1　智能生产物流实训子系统介绍

系统模块	编　号	实验内容	备　注
智能生产物流实训子系统	1	毛坯贴标实验	完成毛坯贴标、EPC 管理等
	2	毛坯入库实验	贴标完成的毛坯入缓冲库环节
	3	生产环境信息采集实验	生产工序环境信息采集与 EPC 绑定
	4	产成品装箱入库实验	产成品入暂存库环节

在生产环节主要由生产物流管理系统完成对模拟生产过程的管理，主要包括以下几个功能：生产管理、生产计划管理、订单管理、产品管理、仓库管理、客户管理、系统管理，其主要功能模块如图 3-4 所示。

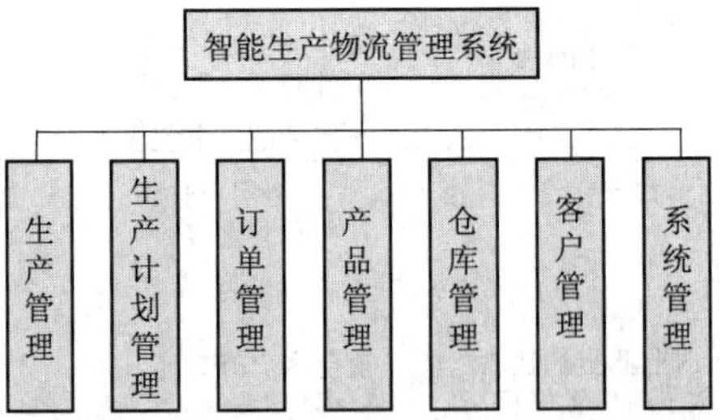

图 3-4　智能生产物流系统管理系统功能模块图

3.2.2 智能仓储物流实训子系统介绍

智能仓储物流实训子系统是为学生和教师提供智能模拟仓储环节的实验平台。仓储环节是整个物流的重要环节。当前许多仓储系统已经使用了视频监控技术、RFID 识别技术、条码技术等物联网技术。本实验子系统着重体现物联网技术在仓储物流中的应用，有利于培养学生对于智能仓储实验子系统的了解和学习。智能仓储平台将着重介绍物联网技术对于仓储的作用，让学生亲身参与其中，讲解智能质检设备、智能盘点小车等设备，进一步优化仓储管理内部各业务功能的效率，提供高货物周转率与订单的响应时间，其主要功能模块如图 3-5 所示。

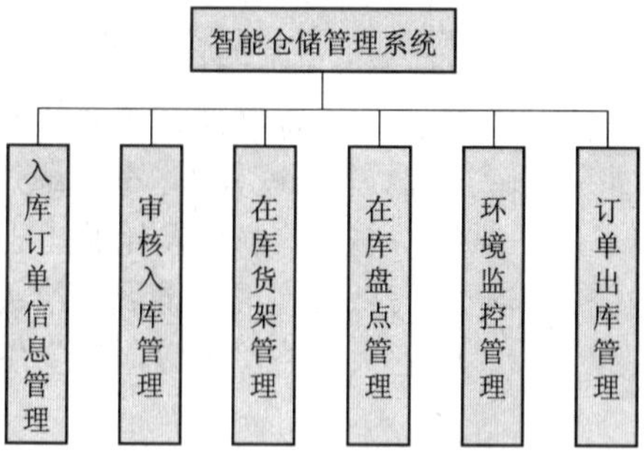

图 3-5　智能仓储物流系统主要功能模块图

该实验子系统包括入库实验、装箱上架实验、在库管理实验、装盘出库实验四项内容，具体见表 3-2。

表 3-2　智能仓储实验子系统介绍

系统模块	编号	实验内容	备注
智能仓储实验子系统	1	入库质检实验	对待入库货物进行生产加工条件检查，看是否合乎生产工艺要求
	2	装箱上架实验	将合格商品进行装箱，便于管理和批量发货，并将商品放到指定的货架（贸易单元）
	3	在库管理实验	主要对货物进行自动盘点（智能货架）和环境条件的管理，保证货物的在库质量
	4	装盘出库实验	按照订货商订单进行批量出库发货

学生在了解智能仓储系统主要功能后，着重掌握智能仓储物流实验系统业务流程，从入库订单信息管理阶段开始，通过入库之间、智能盘点、环境监控和出库实验四个环节，详细了解信息流在仓储信息系统的运作流程，特别是在物联网技术条件下的智能仓储运作过程。

3.2.3　智能配送与智能运输实训子系统介绍

智能配送与智能运输实训子系统是为学生和教师提供智能模拟配送与运输环节的实验平台。本系统通过 GPS 技术、GIS 技术与 RFID 技术的结合应用，完成对产品的运输与配送过程的智能可视化管理，使得学生能够直观地了解现代智能配送体系的运作模式及关键技术原理。配送与运输是物流活动的主体环节。

配送环节实训子系统包括快速订单处理与可视化管理技术、贴标系统及标签信息绑定系统，使用超高频 RFID 标签、RFID 读写器及天线、内置 RFID 读写器的手持终端等设备。通过产品包装绑定实验、产品装车绑定实验、司机车辆匹配实验，让学生全面认识智能配送与运输环节。具体实验内容见表 3-3。

表 3-3　智能配送实验子系统介绍

系统模块	编　号	实验内容	备　注
智能配送实验子系统	1	产品包装绑定实验	绑定商品、包装箱（物流单元）、托盘 EPC
	2	产品装车绑定实验	托盘装车（物流单元），绑定车辆 EPC
	3	司机车辆匹配实验	绑定司机 EPC，生成详细配送单信息

在运输环节，实训子系统包含车辆定位追踪系统、车辆状态监控系统、车载 GPS 终端、Zigbee 节点等技术，实现可视化运输过程。运输过程中，车辆通过 GPS 获取定位及车速数据，同时各类传感器也能够采集车厢的温度、湿度信息以及轮胎压力状态等数据，然后将数据发送到服务器，并通过 GIS 地图将车辆的信息直观形象地展示给用户。该实验子系统包括车辆位置监控实验、在途商品监控实验、车辆状态监控实验，让学生全面认识智能运输环节。具体实验内容见表 3-4。

表 3-4　智能运输实验子系统介绍

系统模块	编　号	实验内容	备　注
智能运输实验子系统	1	车辆位置监控实验——运输企业	车辆在途位置信息监控（GPS、GIS），定时、定点发送车辆的位置信息
	2	产品在途追踪实验——超市客户	根据产品 EPC 查询所在具体位置与产品状态，确定温度与湿度
	3	车辆监控与异常处理实验——运输企业	车辆运行状态监控，车厢状态、速度、胎压等信息的监控，异常警报

3.2.4　智能超市后台管理实训子系统介绍

智能超市后台管理实训子系统是为了让学生能够了解在物联网环境下，超市后台管理相关操作流程，通过模拟物联网环境下后台的各项管理活动对超市的销售、库存、供应商管理中的一系列要素进行汇总和评估，同时对超市前台模拟经营进行反馈，从而可以使超市经营管理者能够实时地获取到超市各个部分的经营状况，及时发现问题和为解决问题获取第一手的资料，以方便对超市经营进行下一步调整与改进。通过前后台的相互反馈和调整优化，促进超市的可持续稳健发展，遵循上述原则，智能超市后台管理实训子系统设计了产品签收实验、产品入库实验、产品上架实验、产品在库监控实验四项内容，见表 3-5。

表 3-5　智能超市后台实验子系统介绍

系统模块	编　号	实验内容	备　注
智能超市后台管理实验子系统	1	产品签收实验	利用手持读写器，根据配送单信息匹配司机、车辆、产品，并通过签收人刷卡确认签收，并给以满意度评价
	2	产品拆盘入库实验	根据装盘信息，确认产品名称与数量，将货物运送至超市后台指定仓库
	3	产品拆盘上架实验	将货物放入指定的货位，演练先进先出等管理原则
	4	产品在库监控实验	对在库的产品进行盘点，并根据盘点信息，对产品的状态、生产日期等监控，异常报警

3.2.5　智能超市前台销售子系统介绍

智能超市前台销售子系统设计基于物联网与信息技术的智能超市前台销售子系统。该系统主要利用智能购物小车与智能货架进行。当客户在超市（商场）中使用具有 RFID 读写器与触摸屏的智能购物车进行采购时，系统可实现自动推荐打折产品、定位商品位置、查询货物具体信息等功能。

当客户选购某种商品时，智能购物车集成的 RFID 模块读取带有 RFID 标签的商品信息，通过 EPC 网络功能获得商品信息并同时在智能购物车集成的智能触摸屏来显示和查看商品的详细信息。当用户单击确认购买后，商品将被添加到系统的购物车中，结算时通过 RFID 结账设备，实现一次性结账的功能。

该实验模块引导学生学习和实践多种先进技术在超市购物和销售的应用，对于开阔视野与增强环境适应能力具有重要作用。本实验模块包括前台补货上架实验、前台用户注册与管理实验、前台货物查看实验、前台选购商品实验、前台购物结算实验内容，具体内容见表 3-6。

表 3-6　智能超市前台实验子系统介绍

系统模块	编　号	实验内容	备　注
智能超市前台管理实训子系统	1	前台补货上架实验	根据补货单信息，选取指定的商品，放入前台指定的货架，根据生产日期出库
	2	前台用户注册与管理实验	用户发卡、个人信息注册、用户信息维护等
	3	前台货物查看实验	查询货物的生产情况、配送情况、仓储情况等全过程的信息
	4	前台选购商品实验	用户选择商品、添加到购物车、用户结算操作

3.2.6　智能综合服务子系统介绍

智能综合服务子系统贯穿整个供应链物流业务环节，主要包括退货服务实验、托盘管理服务实验、购物行为分析服务实验和全程追溯实验环节四项内容。应用物联网技术模拟现代物流体系中常见的退货服务流程，便于展示退货全过程与问题追溯。托盘管理服务实验是供应链中的一项逆向物流，是物流环节中的重要过程。本实训利用物联网技术可以做到对托盘的全程管理与调度。购物行为分析服务实验能够深层次挖掘消费者购物行为特点，关联购物趋向，用实验展示数据挖掘技术在超市环节的应用。该结果对商业环节中的许多企业起到重要的作用。全程追溯实验对供应链上不同角色的用户开放不同的查询权限，可对产品的质量问题进行全程追溯，查出问题原因。具体实验内容见表 3-7。

表 3-7　智能综合服务子系统介绍

系统模块	编　号	实验内容	备　注
智能综合服务子系统	1	退货与问题追踪实验	退货逆向全过程
	2	托盘管理服务实验	对托盘进行回收与管理
	3	购物行为分析服务实验	商品出售前被查看次数等
	4	全程追溯实验	对不同角色的用户开放不同的查询权限，对产品的质量问题进行追溯

3.3 智能物流系统软硬件平台介绍

3.3.1 智能物流系统硬件平台组成

智能物流系统建议的常用硬件布局如图 3-6 所示。

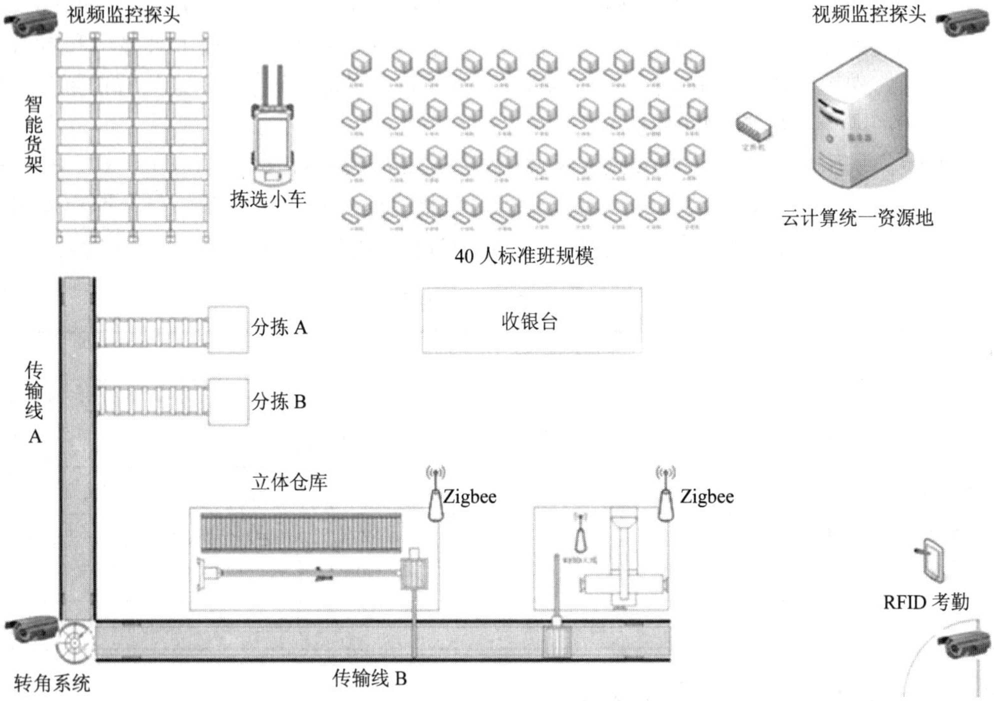

图 3-6 智能物流系统硬件布局

智能物流系统的建议硬件列表见表 3-8。

表 3-8 智能物流系统的建议硬件列表

编 号	硬件名称	硬件介绍
1	模拟制造工厂	模拟对原材料的加工，通过控制传送带上的止挡机构，将需要加工的原材料停止在传输线上，使用机械手抓取货物，再进行加工；加工完成后，通过机械手抓取，放回到传送带上，将其送走
2	传送带	实现原材料或者产品的传输。传输线上对应的立体仓库和加工单元处，装有止挡机构，实现物料的停止，方便机械手抓取；同时，根据货物到达信号，将平台旋转，实现货物在两条垂直放置的传送带之间货物的传送
3	立体库及控制系统（原料库）	立体库及控制系统（原料库）主要负责原材料的出入库；通过控制传送带上的止挡机构，将需要出入库的原材料停止在传输线的固定位置上，通过机械手抓取该货物，再通过堆垛机，将产品送入货架中
4	立体库及控制系统（成品库）	立体库及控制系统（成品库）主要负责产成品的出入库；通过控制传送带上的止挡机构，将需要出入库的产品停止在传输线的固定位置上，通过机械手抓取该货物，再通过堆垛机，将产品送入货架中或放置输送单元
5	自动堆垛机	用货叉或串杆攫取、搬运和堆垛或从高层货架上存取单元货物（见单元化运输）的专用起重机。它是一种仓储设备

（续）

编　　号	硬件名称	硬件介绍
6	智能货架（存储）	智能货架（存储）能够完成在架物资的自动盘点，实时统计在架物资数量，能够通过屏幕定时显示货架货物库存信息，如缺货可通过屏幕滚动显示并进行语音提示
7	智能货架（超市）	智能货架（超市）能够完成货架上商品实时监控；记录商品放置时间、离开时间、每层货架商品放置状态；能够感知环境状态，并进行异常报警；自动将补货信息通过网络传送到仓库管理服务器；购物者可通过触摸屏设备查看商品信息，并进行语音导购
8	控制柜	用于控制单台设备的运行；设备检修或当设备出现故障，系统不能正常运行时故障检查；根据实际产品、工艺路线和工序加工内容，组织工序，安排加工；根据假想的产品、工艺路线和工序加工内容，组织工序，模拟安排加工
9	GPS 车载终端	又称 GPS 车辆管理系统或 GPS 车载监控系统，是依托卫星定位、地理信息及无线通信等技术手段，实时掌握车辆位置和状态，提供调度管理信息的软硬件综合系统
10	智能盘点小车	智能盘点小车是一种自动对库存商品的实际数量进行清查、清点作业的设备，能够随时掌握货物的流动情况（入库、在库、出库的流动状况），对仓库现有物品的实际数量与账面记录的数量相核对，以便准确地掌握库存数量
11	收银台	识别用户身份卡，可显示历史购物记录；识别贴有 RFID 或条码标签的商品，支持自助结账
12	智能购物车	智能购物车前端配备有一个电子显示屏，四周安装有红外线扫描仪，底部形成一个细密的网，向上发射红外线，检测附有条码的商品，物品放进购物车内时进行自动扫描，识别商品的条码。显示器显示累计和明细的商品价格
13	UHF RFID 读写器	对加工商品的识别；符合 EPC Class1 Gen 2 的可读写电子标签；可同时读写多张不同长度的（16、32、48、64、80 或 96 位）EPC 码标签；可读选定标签 EPC 数据；可读写选定标签用户区数据；可读选定标签 TID 区数据；可读取和修改标签访问和毁灭密码（均为 32 位）；EPC、TID 和用户区可以写保护；密码区可以读写保护；可以毁灭标签
14	手持 RFID	完成对货架上商品的读取，方便携带；支持 RFID 无线射频（UHF 频段）；支持 Wi Fi，通过无线网与局域网相连；通过 GPRS 使户外用户能够随时与总部保持联系；集成远距离激光条码扫描器；手写输入，支持签名捕获功能；工业级 IP54 硬件设计，经久耐用，可在恶劣环境中使用；具有良好的性价比
15	RFID 发卡器	完成卡的初始化和商品绑定等功能；覆盖国际和国内标准，全面支持国际常用超高频 RFID 标准，包括所有码率和编码选项提供在线升级功能；读写距离大于 3m，支持 ISO18000 6C 协议
16	Zigbee 采集节点	采集节点之间通过无线方式连接，采用 Zigbee 通信协议方式，采用电池或太阳能供电方式。用于采集温度、湿度、光照等环境参数，采集节点应能方便地布置于物品上
17	RFID 标签	RFID 标签是在利用无线 RFID 技术来记录货物存储信息的一种电子标签
18	RFID 采集终端阅读器	又称盘点机，它是将 RFID 条码扫描装置与数据终端一体化，带有电池可离线操作的终端设备
19	RFID 天线	RFID 标签天线是 RFID 电子标签的应答器天线，是一种通信感应天线，一般与芯片组成完成的 RFID 电子标签应答器。目前，RFID 标签天线根据材质与制造工艺不同，可分为金属蚀刻天线、印刷天线、镀铜天线等类型
20	无线路由器	无线路由器可以看做是一个转发器，可将单纯性无线 AP 和宽带路由器合二为一，不仅具备单纯性无线 AP 所有功能，如支持 DHCP 客户端、支持 VPN、防火墙、支持 WEP 加密等，而且还包括了网络地址转换（NAT）功能，可支持局域网用户的网络连接共享

3.3.2　智能物流系统软件平台组成

智能物流系统的主要软件组成见表 3-9。

表 3-9 智能物流系统的主要软件列表

编　　号	软 件 名 称	软 件 介 绍
1	智能物流生产软件	主要是指利用超高频 RFID 技术和 EPC 技术，根据配送中心的补货信息自动制订生产计划进行生产加工活动，具有生产管理、生产计划管理、订单管理、产品管理、仓库管理、客户管理、系统管理七个功能
2	智能物流仓储系统	基于 RFID 无线射频技术，将电子标签贴于货物的包装或者托盘上，在标签中写入货物的具体资料、存放位置等信息，在仓库的各管道设置阅读器，以辨识、侦测货物的流通，优化合理库存；包括入库实验、装箱上架实验、在库管理实验、装盘出库实验四项内容
3	智能物流配送系统	包括快速订单处理与可视化管理技术、贴标系统及标签信息绑定系统，使用了超高频 RFID 标签、RFID 读写器及天线、内置 RFID 读写器的手持终端等设备，加快货物在物流过程中的流通速度，降低管理成本
4	智能物流运输系统	利用 GPS、GIS、传感器技术和无线网络通信技术，能够使人和物以更快、更安全的方式完成空间移动，显著减少交通事故，缓解交通拥挤，降低了物流成本，实现物流运输的智能化；包括车辆位置监控、产品在途跟踪、车辆监控与异常处理三个环节
5	智能超市后台管理系统	利用物联网技术，对超市后台库存合理控制与管理，以达到降低库存成本，实时获取超市各个部分的经营状况，及时发现问题，以方便对超市的经营进行调整与改进，包括产品签收、产品拆盘入库、产品上架、产品在库监控四项内容
6	智能超市前台销售系统	利用智能购物小车与智能货架，当客户在超市（商场）中使用带有 RFID Reader 与智能触摸屏的智能购物车进行采购；该系统可推荐打折商品、定位商品位置、查询货物具体情况等，包括前台补货上架、前台用户注册与管理、前台货物查看、前台购物等内容
7	智能物流全程追溯系统	对供应链上不同角色的用户开放不同的查询权限，并对产品的质量问题进行全程追溯，查出问题原因；包括退货服务、托盘管理服务、购物行为分析服务和全程追溯四项内容

3.3.3 系统部署过程

智能物流系统采用集中式存储、分布式管理的方式来实现整个系统的运作。服务器端承担着数据的存储业务。客户端通过数据采集设备以及软件系统对采集到的数据进行处理，同时反馈到服务器端的数据库中。数据的集中式管理可以让数据同步，并且能够使各个节点的独立性得到最好的发挥。

智能物流系统的部署包括服务器端与客户端以及相关的硬件设备。客户端程序包括的程序列表见表 3-9。硬件设备的列表见表 3-8。

系统对计算机配置要求如下。

服务器端要求：

操作系统：Windows Server 操作系统

内存：不低于 4GB

CPU：不低于主频 3 300MHz

客户端要求：

操作系统：Windows7 操作系统或 Windows XP 操作系统（需要安装 Framework 2.0）

内存：不低于 1GB

在系统部署过程中，应保证所有硬件设备以及相关的计算机处在一个畅通的局域网中。

1．服务器端部署过程

（1）在 Windows Server 服务器端安装 IIS7 服务。操作步骤如下：“开始→操作面板→程序→打开或关闭 Windows 功能”，在 Internet 信息服务项将 Web 管理工具都选中，单击“确定”，如图 3-7 所示。

图 3-7　安装 IIS7 服务

（2）配置 IIS7 环境。将部署文档目录中的 php 目录复制到计算机任一目录，这里采用 F:\portableProgram 目录。在“控制面板→管理工具”中，打开 IIS 信息服务管理器，选择处理程序映射，如图 3-8 所示。

图 3-8　配置 IIS7 环境

单击图中的最上层目录后，打开右边窗口中的处理程序映射，之后选择最右边窗口的添加模块映射，在弹出窗口配置 php 相关设置。其中可执行文件的路径，根据实际情况设定。单击“确定”，完成 php 配置，如图 3-9 所示。

图 3-9　php 配置参数

新建一名为 phpinfo.php 的文本文件，在其中添加以下内容：

```
<?php
echo   phpinfo();
?>
```

右键选择“Default Web Site”，单击出现的菜单中的基本设置，出现如图 3-10 所示窗口。

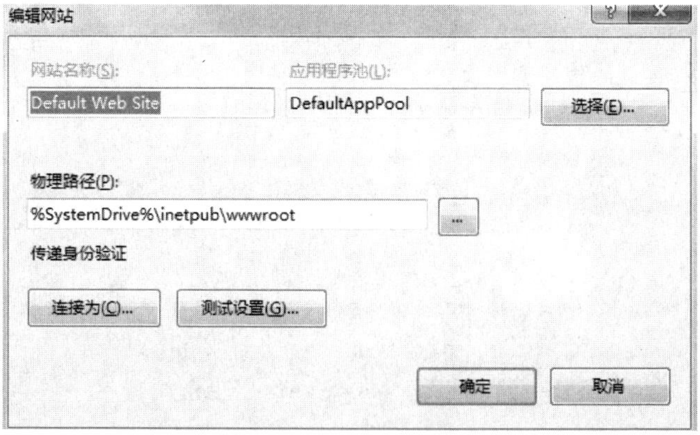

图 3-10　php 配置参数

更改其中的物理路径为建立的 phpinfo.php 所在目录。打开浏览器，输入网址 http://localhost/phpinfo.php，出现如图 3-11 所示页面，表示 php 配置成功。

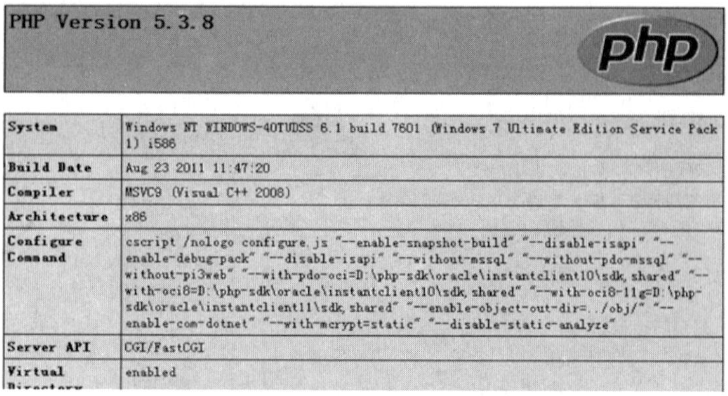

PHP Version 5.3.8

System	Windows NT WINDOWS-40TUDSS 6.1 build 7601 (Windows 7 Ultimate Edition Service Pack 1) i586
Build Date	Aug 23 2011 11:47:20
Compiler	MSVC9 (Visual C++ 2008)
Architecture	x86
Configure Command	cscript /nologo configure.js "--enable-snapshot-build" "--disable-isapi" "--enable-debug-pack" "--disable-isapi" "--without-mssql" "--without-pdo-mssql" "--without-pi3web" "--with-pdo-oci=D:\php-sdk\oracle\instantclient10\sdk,shared" "--with-oci8=D:\php-sdk\oracle\instantclient10\sdk,shared" "--with-oci8-11g=D:\php-sdk\oracle\instantclient11\sdk,shared" "--enable-object-out-dir=../obj/" "--enable-com-dotnet" "--with-mcrypt=static" "--disable-static-analyze"
Server API	CGI/FastCGI
Virtual Directory	enabled

图 3-11　php 配置成功显示图

（3）系统部署。在“控制面板→所有控制面板项→管理工具”中，打开“Internet 信息服务（IIS）管理器”，鼠标右击“网站”单击“添加网站”，弹出如图 3-12 的对话框：

图 3-12　添加网站对话框

网站名称中添加网站名称（可自拟），此处可设置为“ZNwuliu”，在物理路径中添部署文件的物理路径，设置端口，单击“确定”完成部署。

2．客户端软件安装

（1）安装软件：双击软件安装程序，按照提示逐步完成操作即可实现安装，如图 3-13 所示。在 5 台客户端计算机上分别完成系统安装。

（2）硬件安装：在客户端计算机安装硬件设备的驱动（在系统安装目录中的驱动目录中），然后连接硬件设备串口线，打开控制面板中设备管理器选项，在界面中查找串口线的串口名。

（3）参数设置：以智能超市后台管理系统为例，打开软件后选择系统设置菜单，在弹出的窗口中选择查看到的串口名称，波特率选择 57 600，填写服务器 IP，同时填写相应部署服务的端口号（这里为 9002），如图 3-14 所示。

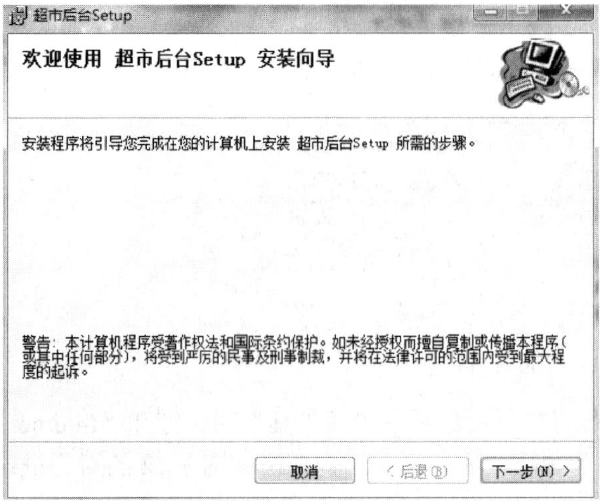

图 3-13　客户端软件安装

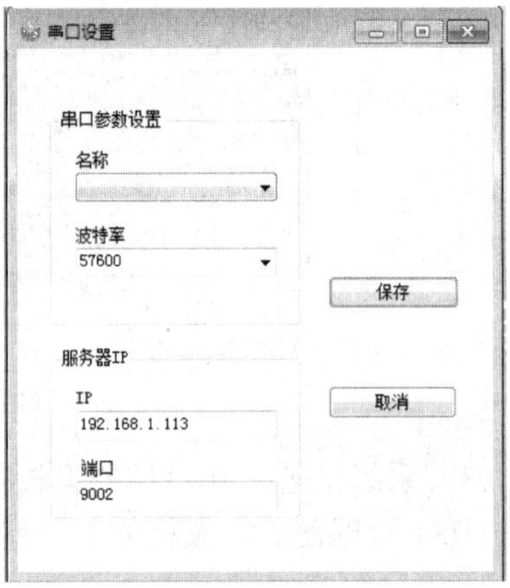

图 3-14　软件参数配置

（4）在智能超市管理系统中进行数据查询和处理操作。如果可以实现则说明整个系统配置成功，其他各个节点按照相应的方法逐一配置。如果出现错误，则应检查网络是否畅通以及各个环节配置是否正确。

3.3.4　系统编码规则

本系统中涉及的物品编码主要包括商品编码、包装编码、托盘编码。所有编码都应统一采用 EPC 编码体系。EPC 编码的目的是为每一物理实体提供唯一标识。它是由一个版本号和另外三段数据组成的一组数字，如图 3-15 所示。

标头	EPC管理者代码	标头对象分类代码	标序列号

图 3-15　EPC 基本结构

其中：

标头：标识 EPC 的长度，类型，结构和版本。

EPC 管理者代码：负责管理下面部分的实体。

标头对象分类代码：标识对象的类别。

标序列号：标识具体的单个实体。

1. 商品与包装箱编码

商品编码与包装箱编码属于贸易单位，采用全球贸易项目标识代码，具体编码规则见表 3-10。

表 3-10　SGTIN96 编码规则

标　头	滤　值	分　区	厂商识别代码	贸易项目代码	序 列 代 码
8	3（见表 3-11）	3（见表 3-12）	20～40	4～24	38

产品二进制编码规则的滤值与分区分别参照表 3-11 与表 3-12。

表 3-11　SGTIN96 滤值

类　　型	二 进 制 值
所有其他	000
零售消费者贸易项目	001
标准贸易项目组合	010
单一货运/消费贸易项目	011
保留	100
保留	101
保留	110
保留	111

表 3-12　SGTIN96 分区

分 区 值	厂商识别代码		项目参考代码和指示位数字	
十进制	二进制	十进制	二进制	十进制
0	40	12	4	1
1	37	11	7	2
2	34	10	10	3
3	30	9	14	4
4	27	8	17	5
5	24	7	20	6
6	20	6	24	7

表 3-13　SGTIN96 分区规则

分 区 值	厂商识别代码		项目参考代码和指示位数字	
十进制	二进制	十进制	二进制	十进制
0	40	12	4	1
1	37	11	7	2
2	34	10	10	3
3	30	9	14	4
4	27	8	17	5
5	24	7	20	6
6	20	6	24	7

在本系统中，设定产品 A 的贸易项目代码为 0000000000000000000000001（二进制），厂商 A 的厂商识别代码为 000000000000000000001（二进制）。所模拟生产的产品编码见表 3-14。

表 3-14　产品编码列表

产 品 名 称	生 产 厂 商	产品 EPC（二进制）	产品 EPC（十六进制）
产品 A	厂商 A	001100000010010000000000000000000000010000000000 000000000100000000000000000000000000000000000001	303400000400004000000001
产品 A	厂商 A	001100000010010000000000000000000000010000000000 000000000100000000000000000000000000000000000010	303400000400004000000002

（续）

产 品 名 称	生 产 厂 商	产品 EPC（二进制）	产品 EPC（十六进制）
产品 A	厂商 A	001100000010010000000000000000000000000010000000000 000000000100000000000000000000000000000000000000011	30340000040000400000000003
产品 A	厂商 A	001100000010010000000000000000000000000010000000000 000000000100000000000000000000000000000000000000100	30340000040000400000000004
产品 A	厂商 A	001100000010010000000000000000000000000010000000000 000000000100000000000000000000000000000000000000101	30340000040000400000000005
产品 A	厂商 A	001100000010010000000000000000000000000010000000000 000000000100000000000000000000000000000000000000110	30340000040000400000000006
产品 A	厂商 A	001100000010010000000000000000000000000010000000000 000000000100000000000000000000000000000000000000111	30340000040000400000000007
产品 A	厂商 A	001100000010010000000000000000000000000010000000000 000000000100000000000000000000000000000000000001000	30340000040000400000000008
产品 A	厂商 A	001100000010010000000000000000000000000010000000000 000000000100000000000000000000000000000000000001001	30340000040000400000000009
产品 A	厂商 A	001100000010010000000000000000000000000010000000000 000000000100000000000000000000000000000000000001010	30340000040000400000000010

包装箱二进制编码规则见表 3-15，其中滤值与分区规则分别参照表 3-12 与表 3-13。

表 3-15　包装箱编码规则

标　　头	滤　　值	分　　区	厂商识别代码	贸易项目代码	序 列 代 码
8	3	3	24	20	38
00110000（二进制）	011（二进制）	101（二进制）	（自定义）	（自定义）	（自定义）

在本系统中，设定产品 A 的贸易项目代码为 00000000000000000000001，厂商 A 的厂商识别代码为 0000000000000000001。所模拟生产的产品包装箱编码见表 3-16。

表 3-16　包装箱编码列表

产 品 名 称	生 产 厂 商	产品 EPC（二进制）	产品 EPC（十六进制）
产品 A	厂商 A	00110000011101000000000000000000000000010000000000 0000000000100000000000000000000000000000000000000001	30740000040000400000000001
产品 A	厂商 A	00110000011101000000000000000000000000010000000000 0000000000100000000000000000000000000000000000000010	30740000040000400000000002
产品 A	厂商 A	00110000011101000000000000000000000000010000000000 0000000000100000000000000000000000000000000000000011	30740000040000400000000003
产品 A	厂商 A	00110000011101000000000000000000000000010000000000 0000000000100000000000000000000000000000000000000100	30740000040000400000000004
产品 A	厂商 A	00110000011101000000000000000000000000010000000000 0000000000100000000000000000000000000000000000000101	30740000040000400000000005

2. 托盘编码

托盘编码属于流通单元，采用系列货运包装箱代码（SSCC-96），其具体编码规则见表 3-17，滤值与分区规则分别参照表 3-18 与表 3-19。

表 3-17　托盘编码列表

标　　头	滤　　值	分　　区	厂商识别代码	序列代码	没　使　用
8	3	3	24	38	24
00110001（二进制）	010（二进制）见表 3-18	101（二进制）见表 3-19	000000000000000000000001（二进制）	00000000000000000000000000000000000001（二进制）	

表 3-18　SSCC 滤值规则

类　　型	二进制值
所有其他	000
未定义	001
物流货运单元	010
保留	011
保留	100
保留	101
保留	110
保留	111

表 3-19　SSCC96 分区规则

分　区　值	厂商识别代码		序列代码和扩展位	
	二进制	十进制	二进制	十进制
0	40	12	18	5
1	37	11	21	6
2	34	10	24	7
3	30	9	28	8
4	27	8	31	9
5	24	7	34	10
6	20	6	38	11

在本系统中，设定产品 A 的贸易项目代码为 0000000000000000000000001，厂商 A 的厂商识别代码为 000000000000000000001。所模拟托盘编码见表 3-20。

表 3-20　托盘编码列表

托盘名称	所属企业	产品 EPC（二进制）	产品 EPC（十六进制）
托盘 A	厂商 A	00110000011101000000000000000000000001000000000 00000000010000000000000000000000000000000000000011	315400000400000001
托盘 A	厂商 A	00110000011101000000000000000000000001000000000000 00000001000000000000000000000000000000000000010	315400000400000002

3.4　思考题

1．请描述智能物流实训系统中软件子系统和硬件子系统如何协同工作。

2．思考生产物流、仓储物流、配送物流、零售物流的特点。

3．统一的编码规则对于智能物流系统有何重要作用？

4．智能物流实训系统如何体现智能概念？

5．如何将条码技术、RFID 技术、GPS 技术、GIS 技术、Zigbee 技术、通信技术集成应用到智能物流系统中？

第 4 章 智能生产物流实训子系统

4.1 智能生产物流子系统概述

4.1.1 智能生产物流系统的概念

生产物流活动是指生产工艺中的物流活动，具体包括原材料、燃料、外购件等投入生产后，经过下料、发料，运送到各加工点和存储点，以在制品的形态，从一个生产单位（仓库）流入另一个生产单位，按照规定的工艺过程进行加工、储存，借助一定的运输装置，在某个点内流转，又从某个点内流出，始终体现着物料实物形态的流转过程。

在现实生活中，生产活动朝自动化生产方向发展，以减少人工成本，实现规模经济。相对于信息层面，生产企业往往独立于其下游的订货商，使得供应链前后端的信息脱节，难以实现信息共享，大大降低了供应链效率。因此，利用现代自动化生产技术以及信息技术以实现生产智能化是新时代生产活动的新要求。

智能生产系统（Intelligent Manufacturing System，IMS）是一种由自动化生产装备、传感装置、高效的信息网络以及专家共同组成的人机一体化智能系统，能在制造过程中进行智能活动，诸如分析、推理、判断、构思和决策等。通过智能生产系统控制生产活动，采集生产程序的温度、湿度、震动等环境及生产信息，利用信息网络传输，实现生产过程的实时监控，满足现代安全生产的要求。

智能化是制造自动化的发展方向，在生产过程的各个环节几乎都广泛应用人工智能技术。专家系统技术可以用于工程设计、工艺过程设计、生产调度、故障诊断等，也可以将神经网络和模糊控制技术等先进的计算机智能方法应用于产品配方、生产调度等，实现制造过程智能化。同时，在生产过程以及物流环节的实时监控显示方面，整合 RFID 技术、Web 技术、Zigbee 技术等，从产品的生产阶段记录产品的实时生产环境数据，利用 RFID 技术标识产品并上传至 Web 服务器上，使得生产商以及客户能够通过网络实时监控产品状态，实现供应链上下游的信息协同，从而提高生产物流效率。

智能化生产技术是制造业不断吸收机械、电气、电子、信息（计算机、网络、通信、控制、人工智能等）、能源及现代系统管理等学科领域的成果，并将其综合运用于产品研发、设计、制造、检测、销售、使用、服务乃至回收的全过程，以实现优质、高效、低耗、清洁、敏捷、柔性生产，提高对多变的市场动态适应能力和竞争能力。

4.1.2 智能生产案例

丰田生产方式（TPS）一直以来是业界模仿学习的对象。然而，物联网技术的不断发展，又给生产方式带来了新的变革，使得产品从开始生产起就有了属于自己的 ID。生产过程变得更加智能可控，也给后续的物流过程提供了可追溯的条件。基于上述优点，智能生产的应用案例已屡见不鲜。

1. 鹤山雅图仕印刷有限公司 RFID 项目

鹤山雅图仕印刷有限公司是一家创办于 1991 年注册在江门鹤山市的香港企业，为利奥纸品印刷集团成员。该企业在成品物流方面成功引入RFID技术进行管理，是国内较早用RFID技术帮助生产制造型企业改革转型的尝试。利用 RFID 技术对生产线、成品仓、品检及货运等流程进行实时监控，提供实时及可视化的整体成品物流信息。该公司将先进信息技术应用于传统制造企业，从而改造和优化传统制造企业生产工艺和流程，提高企业管理能力，实现了三个方面创新：一是实现数据采集自动化，RFID 技术应用在生产制造环节中可以尽可能地减少人员的参与，实现自动化的数据采集，解决因人工采集数据的低准确率和低可信度的问题；二是实现原材料采购到成品装卸付运的供应链流程中的信息流、资金流和物流信息化；三是应用 RFID 技术对半成品、成品流程进行实时监控，实现自动化管理。

雅图仕印刷公司基于现有的 RFID 成品管理、RFID 中间件和自主开发的 ERP 系统，将 RFID 技术应用到印刷生产环节，以真正发挥 RFID 的强大功效，如图 4-1 所示。

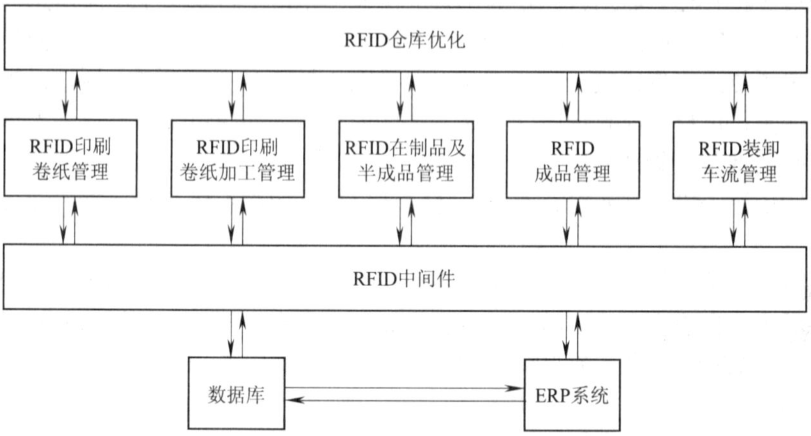

图 4-1　雅图仕印刷公司 RFID 管理流程

2. 厦门 DELL 公司应用 RFID 实现电子制造

DELL 公司的电子化制造早于其他同行，且人均产值也高于其他竞争对手，这主要是因为其与众不同的电子化制造系统，而 RFID 正是整个系统中最为关键的部分。下面以 DELL 公司在中国厦门的工厂为例说明 RFID 在电子化制造中的作用。

为了便于生产，计算机一般由大约二十个主要部件或模块组成。每个部件都有自己的条码，因此每台计算机都要对应二十多个条码的组合，而配置的多样性使得传统的方式生产容易出错，因此生产过程必须实现透明化以保证准确的生产，这就需要条码和 RFID 的配合使用。

首先 IT 系统把客户的订单进行处理，生成一个随机的唯一数据，在 DELL 的计算机生产线入口处安装了一台 EMS 公司的 LRP820-04 控制器。托盘经过此处时，RFID 控制器把生成的唯一的数据写入安装在托盘底部的载码体上。与此同时，在企业数据库内，这个唯一的数据对应着计算机约二十个条码数据。在托盘经过入口的同时，控制器会一次性地把十台计算机的所有安装信息调入，即控制器会一次就存入约二百条条码信息。这样就加快了整条生产线的速度响应。每个安装工位也都有一台 LRP820-04 控制器，当托盘经过安装工位时，首先读出载码体信息，并显示本工位需要安装的部件条码，安装人员按照提示把正确的部件放入托盘内。为了保险起见，安装人员每拿起一个部件都要进行扫描，将结果和系统数据进行比较。一旦操作有误，系统则会产生报警，托盘则停止前进。等所有部件配齐后，托盘才会进入安装区域，再由各个位置的安装人员把各个部件组装成整机。同样，安装人员在安装前，也要通过 RFID 和条码的配合对零部件再一次进行检验，以保证准确无误。

安装完成后，托盘会回到原始位置，而组装好的计算机则进入下一个工序的托盘。在这个交替处有两台控制器，一台负责读托盘的数据，另一台在新工序的入口，把读到的数据写入新工段的托盘载码体内。新工序主要是后期处理阶段，如给计算机放置随机附件和包装等。安装人员根据 RFID 的信息，把正确的说明书、驱动光盘放入计算机包装箱内，整个工序就宣告完成。

由于这套制造体系构造先进，DELL 公司的资金周转率比竞争对手高 3 倍，从而获得明显的竞争优势，并真正实现了 B2B 和 B2C 的电子商务模式在制造业中的应用。

3．海尔集团 RFID 应用

海尔集团是目前国内最大的电子产品制造商之一，其信息化建设一直在行业内处于领先位置。面对快速发展的 RFID 技术，海尔集团一直在考虑如何利用这项技术来提升供应链管理和生产制造过程管理。海尔特冰事业部建立了利用 RFID 技术基于单品信息的产品跟踪和追溯的管理系统，初步形成了具有海尔特色的流程基础框架。从产品上组装线开始粘贴 RFID 标签，在每个工位上采集组装信息，产品下线进入周转库时利用 RFID 标签采集入库信息，并监控库存信息，以提高库存周转。产品从周转库出库采集 RFID 信息后进入分公司配送仓库，在入库时又批量采集产品信息。

海尔集团引进 RFID 技术在企业内部建立数字化供应链系统，对现有的业务流程优化和改进如下：

（1）将 RFID 系统与现有成熟的条码系统相融合，在发挥电子标签优势的同时兼容条码技术，解决了企业在管理方式过渡时期两套系统同时存在、同时发挥作用的问题。将生产线和仓库管理中的 RFID 系统与企业原有信息网络系统（如 ERP、CRM、MES 等）进行无缝对接，在不影响现有系统的前提下产生效益。

（2）有效地支持准时制生产。准时制（Just-in-Time，JIT）等现代生产方式对企业各个环节的协同提出了越来越高的要求，任何一个环节的脱节都可能导致整条生产线乃至整个生产流程瘫痪。管理并准确找到规格繁杂的零部件（原材料），将其及时运送到生产线上，是采用流水线作业的企业的一个难题。借助 RFID 技术，就能够实现存货管理的自动化。该技术不仅能够准确掌握零部件的位置和数量，且当存货水平降低到设定值以下时，系统就会自动发出补货指令。

（3）准确、迅捷实现生产现场的管理和监控。只要零件进入生产线或到达完工区，系统将自动记录工序、设备和工人的 ID 号、加工时间，避免了依靠大量人工进行滞后的数据输入、条码扫描等操作和由此带来的低精确度数据，彻底解决了 ERP 系统与 MES 实施时的信息获取瓶颈问题。

（4）为未来物流和售后服务建立数据源。在复杂产品的物流运送、销售和维修服务中，产品上的 RFID 标签是一个随产品移动的数据库，随时可以读取其历史记录和质量记录，避免了书面材料的人工传递或对远程的主机数据库的访问，有效地解决了企业数据的一致性问题。

（5）改善售后服务手段，加强客户关系管理。RFID 技术还可以在建立顾客忠诚方面发挥重要的作用。在进行送货或客户服务时把客户的个人信息与产品的维护记录存储在 RFID 标签中，不仅可以为顾客减少服务过程中繁琐的审核验证流程，还能因此而提供个性化服务。

4. 基于 RFID 技术的中国重汽整车物流信息管理系统

RFID 在汽车工业系统中的应用主要包括车体识别与跟踪管理、零部件与固定资产跟踪管理、整车物流管理等方面。随着企业产销规模和经销商网络的扩大，在生产销售过程中出现了诸如车辆销售信息及车辆售后服务信息管理方面的问题，因此中国重汽决定使用在每一辆车上加装具有信息存储功能的智能标签（RFID）的解决方案：在生产、入库、出库环节使用具有无线通信功能的手持机；在经销商的接车、盘库、交付环节以及维修保养环节使用具有 GPS 定位功能和 GPRS 通信功能的手持机扫描安装在车辆上的智能标签。各个环节的车辆信息、操作信息、时间信息、地点信息被及时准确地传送到集团管理中心。这样，集团就能够准确地掌握车辆从生产、仓储管理，到营销、经销商的库存和售后服务等数据。

智能标签具有抗污损、保密性强、可无线操作以及重复使用等特点，在车辆上安装后就不能取下，一旦取下标签会自动失效。在生产过程中，工人将空白智能标签贴在车辆前风挡玻璃下的位置，在此后的下线、入库、出库、销售、服务等过程中，使用手持机就可以对智能标签进行操作。例如，在车辆下线时，工人打开手持机通过无线方式从计算机中获得下线车辆的订单号、内部车型号、车架号三项基本信息，确认后写入智能标签。系统将自动记录下线信息，完成下线操作。在入库过程中，工人打开手持机读取车辆的订单号、内部车型号、车架号，通过无线方式将读取的信息存入计算机中，系统自动记录入库信息，完成入库操作。在出库过程中，工人打开手持机读取车辆的订单号、内部车型号、车架号，通过无线方式将读取的信息存入计算机中，通过集团数据库获得该车辆的其他六项基本信息（发动机号、车架号、合格证编号、合格证车型号、保修卡号、出厂日期）。六项信息齐备后，系统自动将其写入该车辆的智能标签中，并自动记录出库信息，完成出库操作。随后的销售、交车、盘库、支付、服务也都可以通过手持机来完成。

4.2　智能生产物流实训子系统原理与流程分析

4.2.1　智能生产物流子系统功能模块及关键技术原理

智能生产物流实训子系统可以模拟整个生产过程。生产企业根据收到的订单制订生产计划，安排生产加工活动。生产流程包括贴标、入毛坯库、产品加工、产成品入库以及按订单出库等五个环节。首先，在贴标环节，产品在加工前要贴上 RFID 电子标签，并注册 ONS 信息，将商品信息上传到数据中心；然后将贴好标签的原材料送至毛坯库，此时产品处于待加工状态；接着在加工环节对毛坯进行加工，利用读写器记录产品加工开始与结束时间，并添加相关加工参数到数据中心；最后，将生产完成的产品送至成品仓库存储并按照订单要求发货。

智能生产物流实训子系统集成了 RFID 技术、Zigbee 技术等物联网关键技术，实现了产品生产过程中信息传递的连贯性，其关键技术模块包括：

1. RFID 贴标系统

智能生产物流实训子系统的产品标识基于 RFID 技术，利用超高频 RFID 标签，通过唯一的 EPC 编码标识产品，实现产品在生产环节、运输配送环节和销售环节以及到达消费者手中，都具有快速、唯一的可识别性。本系统组成包括：

（1）RFID 读写器如图 4-2 所示。

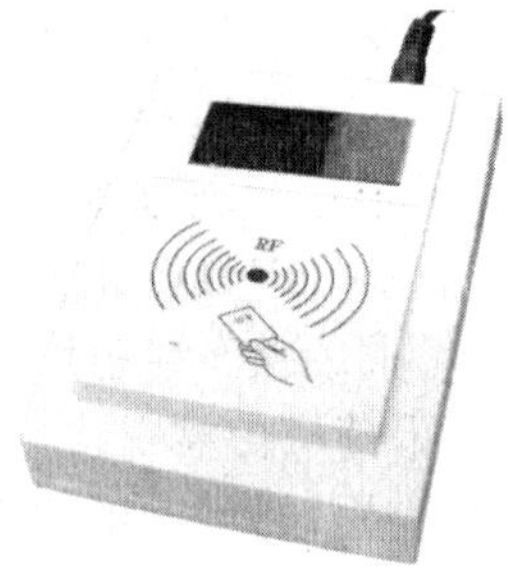

图 4-2　RFID 读写器

（2）上位机（PC）以及 RFID 贴标软件的工作流程如图 4-3 所示。

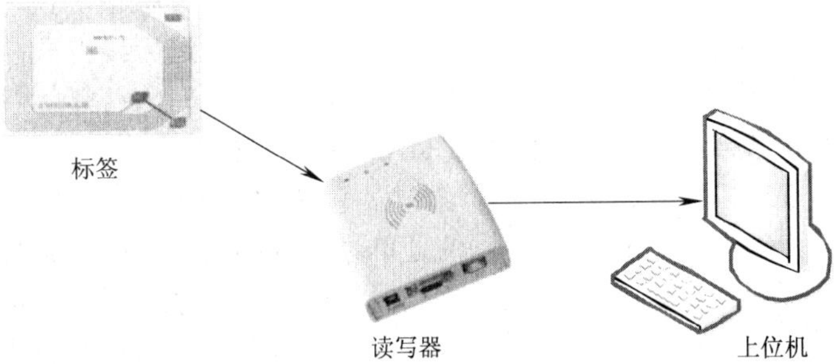

图 4-3　RFID 贴标系统示意图

智能生产物流实训子系统生成唯一的电子编码来标识产品。二进制编码构成包括固定的标头值“00110000”，滤值“001”，根据不同的产商设定的产商识别码（24 位），以及根据产品的生产计划 ID 中截取贸易项目代码（20 位），再由系统自动生成的序列代码（38 位）所组成了 96 位的二进制编码，对应于十六进制的 24 位编码。RFID 标签生成示意图如图 4-4 所示。

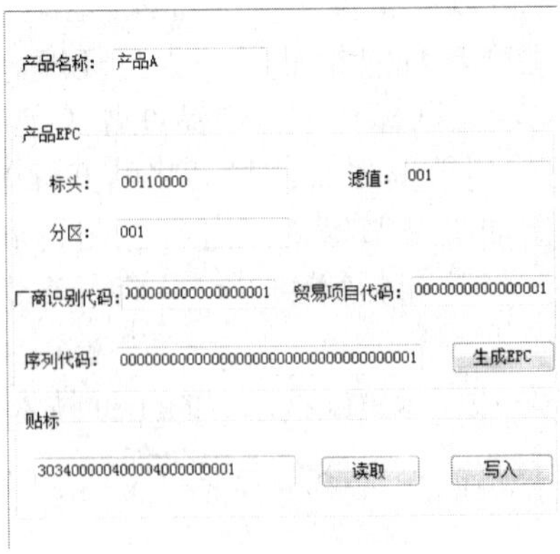

图 4-4　RFID 标签生成示意图

2. 智能生产环境监控系统

智能生产环境监控系统使用各类传感器监控各个生产工序中的环境信息，如温度、湿度、压力以及震动程度等信息，并通过 Zigbee 传输网络将环境信息推送至上位机进行存储。根据生产线上 RFID 读写器识别正在生产的产品信息，将实时环境信息与产品编码进行绑定存储，实现对产品生产过程的环境监控，保证产品生产的安全以及产品信息可追溯的要求。

智能生产环境监控系统由内嵌传感器的 Zigbee 节点、RFID 读写器、上位机、生产流水线设备等组成，其系统示意图如图 4-5 所示。

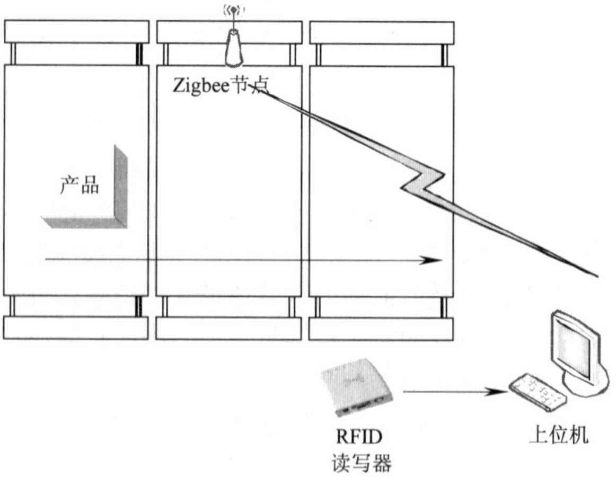

图 4-5　生产环境监控系统示意图

产品在生产流水线上进行生产加工。每个工序设备都安装了内嵌各类传感器的 Zigbee 节点设备，实时监测各个生产工序的环境信息。当待生产的产品进入某一工序时，在该工序部署的 RFID 天线将实时读取处在该工位的产品信息，并将产品信息发送至上位机。生产工序完成时，系统将自动把生产过程中的温度和湿度等环境信息与产品的唯一标识进行绑定后，将信息存储到数据库，完成对产品生产环境的监控。

4.2.2　智能生产物流实训子系统流程分析

智能生产物流实训子系统模拟了生产活动的各道工序，体现了产品生产过程信息在生产流程中的记录与流动，实现了对生产工序流程的实时监控，符合了现代生产、物流活动中安全生产、货物追溯等要求。

智能生产物流实训子系统是以订单拉动进行生产的活动。产品的生产源于订单，再根据订单需求制订相应生产计划，利用 RFID 设备对生产原材料进行贴标，为产品添加唯一的编码，由生产模块模拟生产工艺对原材料（毛坯）进行生产加工，并对产成品进行库存管理，最后依据订单的需求进行发货。本系统的业务流程如图 4-6 所示。

智能生产实验子系统自毛坯贴标开始，应用RFID技术对产品毛坯进行贴标操作，使RFID标签成为该产品的唯一标识，并产生一条 EPC 数据。标签的应用使得企业可以从生产、仓储、运输等一系列环节都能够有效地对产品进行追溯管理。

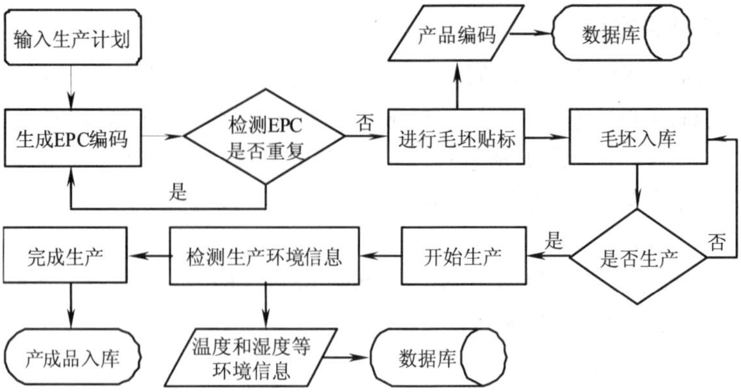

图 4-6　智能生产物流实训子系统业务流程图

贴标操作之后的毛坯将流转至毛坯库暂存，为生产环节提供原料。

生产工序中，生产设备中嵌入了各式传感器，对实时环境信息，如温度、湿度和震动等信息进行监测，并通过 Zigbee 节点将环境数据传输至信息系统，生成环境数据。

RFID 读写器确认当前正在生产的产品 EPC，并将当前环境数据绑定到产品生产信息中，产生相应的生产数据。生产部门以及其他部门可以通过生产记录，查询到产品在其生产工序中的环境数据，实现对产品生产流程的精确控制与管理。产成品随流程进入产成品库进行存储，并依照客户订单进行产品配送环节。

本系统应用了 RFID 技术、Zigbee 技术以及 Web 技术，实现智能生产。利用 RFID 标签标识产品，使产品在生产流通过程中拥有唯一的编码，将全程监控单一产品变为可能。

智能生产物流实训子系统基于 RFID、Zigbee 等物联网关键技术，在实际操作过程中还涉及了一些常见的生产设备、物流设备等，例如 RFID 读写器/天线（如图 4-7 所示），Zigbee 环境感知节点（如图 4-8 所示），生产流水线（如图 4-9 所示），堆垛机及立体式货架（如图 4-10 所示）。

图 4-7　生产线布局 RFID 读写器/天线示意图

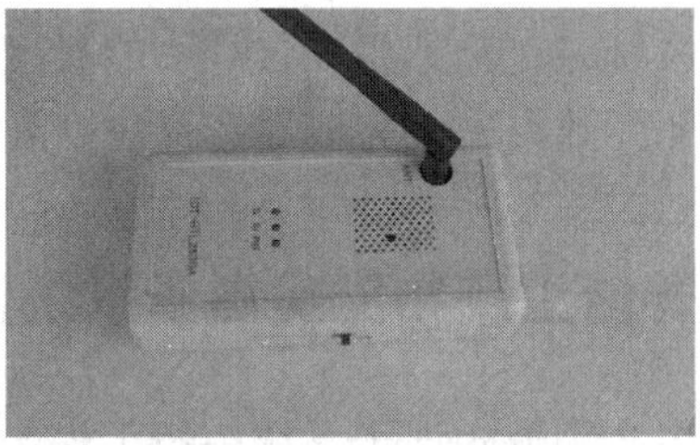

图 4-8　Zigbee 环境感知节点

图 4-9　生产流水线

图 4-10　堆垛机及立体式货架

智能生产物流实训子系统在自动生产流水线上进行生产实验。现代物联网技术在产品的自动识别以及智能生产控制上起到了关键性作用，使得智能化生产成为可能。

本系统实际操作流程如图 4-11 所示。

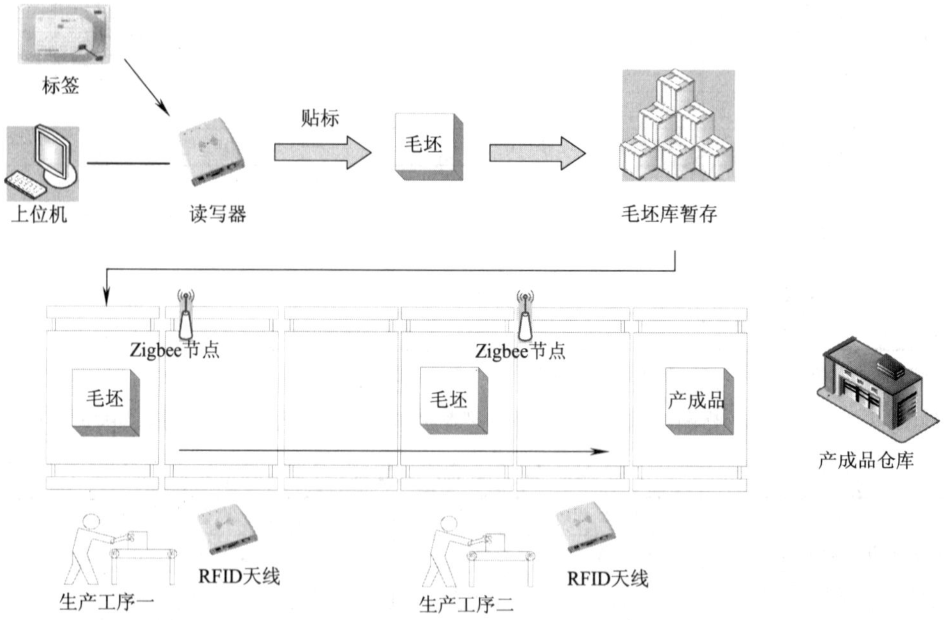

图 4-11　智能生产物流子系统操作流程图

智能生产物流子系统通过网络接受客户的订单，通过查看订单信息，确定相应的生计划。订单信息见表 4-1。

表 4-1　订单信息表

订单编号	产品名称	数　量	订货商	订单状态	订货时间	备　注
Order-20121029114453	产品 A	10	配送中心 1	已受理	2012/11/16 11:23:48	
Order-20121029114454	产品 B	20	配送中心 2	已受理	2012/11/16 11:23:48	
Order-20121029114455	产品 C	20	配送中心 3	已受理	2012/11/16 11:23:48	
Order-20121029114456	产品 B	20	配送中心 4	已受理	2012/11/16 11:23:48	
Order-20121029114457	产品 C	20	配送中心 5	已受理	2012/11/16 11:23:48	

生产企业根据接受的订单以及现有库存状况，制订相应的生产计划，进行生产活动。假设现有追加十件产品 A 的生产计划，子系统将生成新的计划信息表，见表 4-2。

表 4-2　生产计划信息表

计划编码	生产批次	产品名称	数　量	计划状态	时　间	备　注
Plan-0121116184933	0001	产品 A	10	未生产	2012/11/16 18:49:33	
Plan-0121116184934	0002	产品 A	10	未生产	2012/11/16 17:49:33	
Plan-0121116184935	0003	产品 A	10	未生产	2012/11/16 16:47:33	
Plan-0121116184936	0004	产品 A	10	未生产	2012/11/16 16:46:33	

子系统根据生产计划进行贴标。RFID 读写器生成相应数量的 EPC 数据，并写入 RFID 标签，然后生成毛坯数据。数据内容包括产品 EPC、产品信息以及贴标时间等信息。现在用子系统添加十个标签作为演示，进行贴标操作，产生表 4-3 的产品编码。

表 4-3　毛坯贴标编码表

产 品 编 码	产 品 名 称	生 产 批 次	状　态	贴 标 时 间	备　注
3034000004000040000000001	产品 A	0001	待生产	2012/11/17 19:36:18	
3034000004000040000000002	产品 A	0001	待生产	2012/11/17 19:36:27	
3034000004000040000000003	产品 A	0001	待生产	2012/11/17 19:36:35	
3034000004000040000000004	产品 A	0001	待生产	2012/11/17 19:36:43	
3034000004000040000000005	产品 A	0001	待生产	2012/11/17 19:36:51	
3034000004000040000000006	产品 A	0001	待生产	2012/11/17 19:36:59	
3034000004000040000000007	产品 A	0001	待生产	2012/11/17 19:37:07	
3034000004000040000000008	产品 A	0001	待生产	2012/11/17 19:37:12	
3034000004000040000000009	产品 A	0001	待生产	2012/11/17 19:37:23	
30340000040000400000000010	产品 A	0001	待生产	2012/11/17 19:37:31	

完成毛坯的贴标，此时毛坯变为待生产，然后生产流水线的生产环节，进入并记录生产开始时间。生产完成后，子系统会将产品的生产状态自动更改为“生产完成”状态，见表 4-4。

表 4-4　产品生产信息表

产 品 编 码	产 品 名 称	生 产 批 次	状　态	生 产 时 间	备　注
3034000004000040000000001	产品 A	0001	生产完成	2012/11/17 19:37:18	
3034000004000040000000002	产品 A	0001	生产完成	2012/11/17 19:37:27	
3034000004000040000000003	产品 A	0001	生产完成	2012/11/17 19:37:35	
3034000004000040000000004	产品 A	0001	生产完成	2012/11/17 19:37:43	
3034000004000040000000005	产品 A	0001	生产完成	2012/11/17 19:37:51	
3034000004000040000000006	产品 A	0001	工序一	2012/11/17 19:37:59	
3034000004000040000000007	产品 A	0001	待生产		
3034000004000040000000008	产品 A	0001	待生产		
3034000004000040000000009	产品 A	0001	待生产		
30340000040000400000000010	产品 A	0001	待生产		

在生产列队中等待生产的毛坯件的生产环境信息将被实时监测。RFID 天线不间断读取产品 EPC 信息，标明此时该毛坯所处的工序生产状态。同时，生产设备中部署的内嵌传感器的 Zigbee 节点实时监测生产环境信息，将产生相应的环境信息数据，见表 4-5。

表 4-5　产品加工信息列表

产 品 编 码	产 品 名 称	状　态	温度/℃	湿度（%）	完 成 时 间
3034000004000040000000001	产品 A	生产完成	26	88	2012/11/17 19:38:18
3034000004000040000000002	产品 A	生产完成	26	88	2012/11/17 19:38:27
3034000004000040000000003	产品 A	生产完成	56	90	2012/11/17 19:38:35
3034000004000040000000004	产品 A	生产完成	26	88	2012/11/17 19:38:43
3034000004000040000000005	产品 A	生产完成	26	88	2012/11/17 19:38:51
3034000004000040000000006	产品 A	生产完成	26	88	2012/11/17 19:38:59
3034000004000040000000007	产品 A	生产完成	26	88	2012/11/17 19:39:07
3034000004000040000000008	产品 A	生产完成	26	88	2012/11/17 19:39:12
3034000004000040000000009	产品 A	生产完成	26	88	2012/11/17 19:39:23
30340000040000400000000010	产品 A	生产完成	26	88	2012/11/17 19:39:31

子系统后台会将这些环境信息与正在生产的毛坯件 ID 进行绑定操作，记录毛坯的实时生产状态信息，完成工序时产生相应的生产数据。数据包含有产品的 EPC、生产时间以及生产过程中的环境数据等信息。这条数据将被保存在服务器中，以供后续查询。

生产流水线的每一道工序都对进入生产的毛坯件进行识别与检测，保证在整个生产环节信息的一致性。生产完成的产品将存储于成品库内。每件产成品将会分配到一个库位，并由自动堆垛机将生产流水线中的产成品放入仓库中，完成产品的生产过程。

子系统将记录入库的产成品进入暂存库时间以及相应的库位信息，得到表 4-6 中的信息。

表 4-6　产品缓存信息表

产品编码	产品名称	状　态	库　位	入库时间
303400000400004000000001	产品 A	已入暂存库	A 区	2012/11/17 19:50:18
303400000400004000000002	产品 A	已入暂存库	A 区	2012/11/17 19:50:27
303400000400004000000003	产品 A	已入暂存库	A 区	2012/11/17 19:50:35
303400000400004000000004	产品 A	已入暂存库	A 区	2012/11/17 19:50:43
303400000400004000000005	产品 A	已入暂存库	A 区	2012/11/17 19:50:51
303400000400004000000006	产品 A	已入暂存库	A 区	2012/11/17 19:50:59
303400000400004000000007	产品 A	已入暂存库	A 区	2012/11/1719:51:07
303400000400004000000008	产品 A	已入暂存库	A 区	2012/11/17 19:5112
303400000400004000000009	产品 A	已入暂存库	A 区	2012/11/17 19:51:23
3034000004000040000000010	产品 A	已入暂存库	A 区	2012/11/17 19:51:31

智能生产物流实训子系统模拟了产品生产的各个环节，从毛坯的贴标开始，到毛坯流转仓库管理，再到模拟产品的生产工序，最后将产成品送入成品库的整个生产流程。该实验系统为使用者提供了一个生产全流程的直观印象，重点体现在生产流程中的信息流向以及流程控制的模拟上。实验参与人员进行模拟实验能够快速了解现代智能生产系统的特点，提高对物联网关键技术的认知，达到边实践边学习的目的。

4.3　智能生产物流实训内容

4.3.1　毛坯贴标实验

一、实验目的

1. 了解 RFID 标签的读写方法及编码规则。
2. 掌握硬件平台读取 RFID 标签的使用方法。
3. 了解使用 RFID 标示物体的方法以及标签在流通过程的作用。

二、实验内容

1. 使用 RFID 读写器读取标签存储的数据。
2. 使用模拟软件生成唯一编码，写入 RFID 标签，并标示毛坯。
3. 使用智能生产物流实训子系统，完成毛坯的贴标入库流程。

三、实验设备

1. 一台带有 USB 接口的计算机。
2. 计算机软件环境为 Windows 7 或 Windows XP 操作系统。

3．RFID 读写器一台。

4．超高频 RFID 标签。

5．智能物流生产实验软件平台。

四、实验步骤

1．连接智能生产物流实训的硬件外设，计算机与 RFID 读写器等设备。

2．打开智能生产物流实训子系统软件下的系统设置，设置好串口及其他参数，如图 4-12 所示。

3．取一定数量的 RFID 标签（数量依生产计划而定）依次置于读写器上，生成新的 EPC，并将编码写入标签，测试写入后的标签存储的编码，观察是否与写入的 EPC 相同；观察已贴标列表中是否自动添加了一条产品编码信息，观察列表记录中的产品编码是否与自动生成的 EPC 相同，为所有需要的标签写入 EPC，如图 4-13 所示。

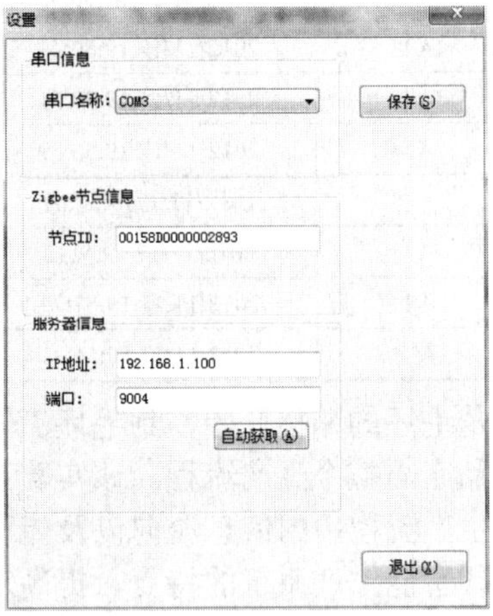

图 4-12　系统设置界面

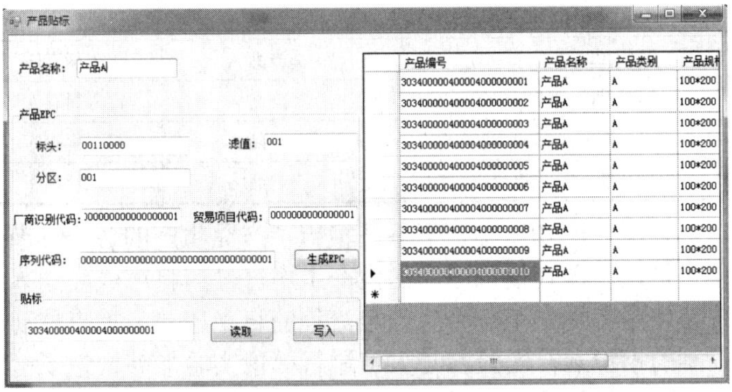

图 4-13　产品编码帖标界面

6．将写好的 RFID 标签贴到毛坯件上，完成贴标操作。

4.3.2　毛坯入库实验

一、实验目的

1．学习立体式货架的存储原理。

2．学会为毛坯件分配库位的方法。

3．了解毛坯件的存储管理。

二、实验内容

1．为贴标的毛坯分配相应的库位。

2．使用堆垛机将毛坯件放入暂存库内。

3．对暂存库内毛坯件进行管理。

三、实验设备

1．带有 USB 端口的计算机。

2．立体式货架设备。

3．自动堆垛机。

四、实验步骤

1．启动智能生产物流实训子系统软件，设置好串口参数。
2．在软件上为毛坯件分配库位。
3．使用自动堆垛机将毛坯送入毛坯库存储。

4.3.3　生产环境信息采集实验

一、实验目的

1．了解生产过程中环境信息采集的原理与方法。
2．熟悉各类传感器的使用方法。
3．了解 Zigbee 技术的通信原理。
4．认识生产过程中环境信息采集实现实时控制的管理思想。

二、实验内容

1．使用环境监控系统软件采集生产环境数据。
2．模拟毛坯加工环节，了解和熟悉生产流程。
3．观察产品加工过程中环境数据的变化。
4．在产成品列表中观察产品环境信息记录，掌握生产过程绑定环境数据的方法。

三、实验器材

1．带 USB 端口的计算机一台。
2．计算机软件环境为 Windows 7 或 Windows XP 操作系统。
3．Zigbee 模块以及子节点。
4．串口线（RS232）。
5．智能生产物流实训子系统软件。

四、实验步骤

1．把 Zigbee 模块与计算机连接好，安装驱动程序。
2．启动环境监控软件，设置相应参数。
3．打开环境监测功能界面，观察采集到的环境数据信息，如图 4-14 所示。

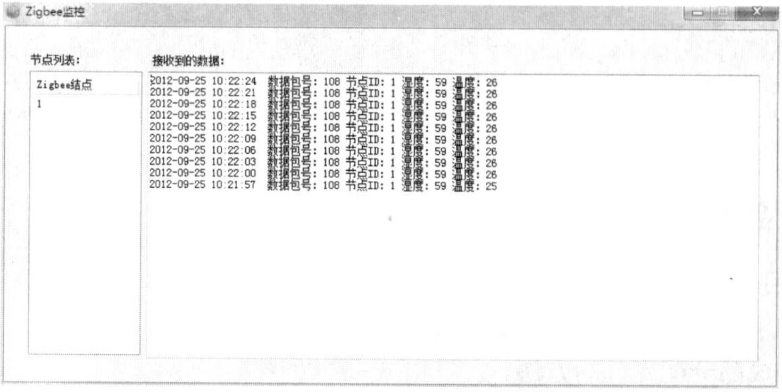

图 4-14　环境监测功能界面

4．进入智能生产物流实训子系统中的生产工序模块，单击“开始生产”按钮进行生产模拟实验。观察当前生产工序中产品编码信息以及温度、湿度等信息的变化，如图 4-15 所示。

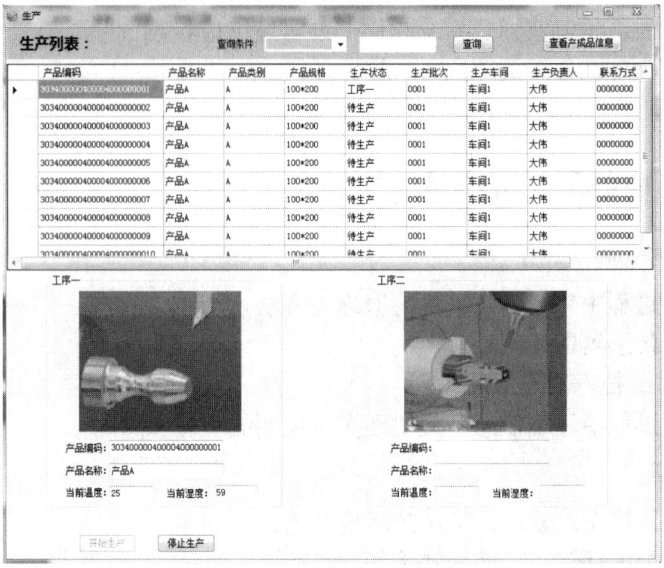

图 4-15 生产工序界面

5．打开产成品列表，观察产成品信息以及生产环境数据等信息，如图 4-16 所示。

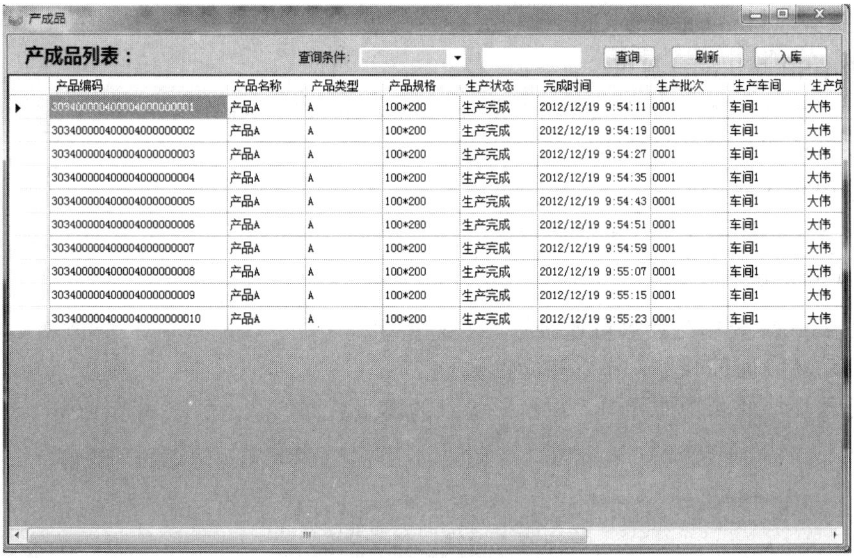

图 4-16 生产列表界面

4.3.4 产成品入库实验

一、实验目的

1．学习和了解立体式货架的存储原理。

2．学会产成品分配库位的方法。

3．了解成品件的存储管理。

二、实验内容

1．为产成品分配相应的库位。

2．使用堆垛机将产成品放入成品库内。

3．对成品库的产品进行管理。

三、实验设备

1．带有 USB 端口的计算机一台。

2．立体式货架设备。

3．自动堆垛机。

四、实验步骤

1．启动智能生产物流实训子系统软件，设置好串口参数。

2．使用软件模拟为成品分配库位。

3．使用自动堆垛机将成品送入成品库进行存储。入库完成后，生成已入库产品列表，如图 4-17 所示。

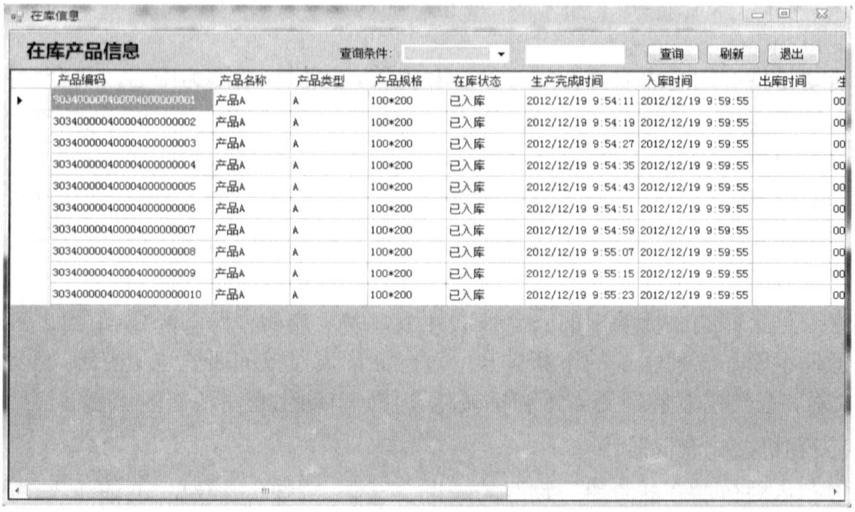

产品编码	产品名称	产品类型	产品规格	在库状态	生产完成时间	入库时间	出库时间	生
303400000400004000000001	产品A	A	100*200	已入库	2012/12/19 9:54:11	2012/12/19 9:59:55		00
303400000400004000000002	产品A	A	100*200	已入库	2012/12/19 9:54:19	2012/12/19 9:59:55		00
303400000400004000000003	产品A	A	100*200	已入库	2012/12/19 9:54:27	2012/12/19 9:59:55		00
303400000400004000000004	产品A	A	100*200	已入库	2012/12/19 9:54:35	2012/12/19 9:59:55		00
303400000400004000000005	产品A	A	100*200	已入库	2012/12/19 9:54:43	2012/12/19 9:59:55		00
303400000400004000000006	产品A	A	100*200	已入库	2012/12/19 9:54:51	2012/12/19 9:59:55		00
303400000400004000000007	产品A	A	100*200	已入库	2012/12/19 9:54:59	2012/12/19 9:59:55		00
303400000400004000000008	产品A	A	100*200	已入库	2012/12/19 9:55:07	2012/12/19 9:59:55		00
303400000400004000000009	产品A	A	100*200	已入库	2012/12/19 9:55:15	2012/12/19 9:59:55		00
3034000004000040000000010	产品A	A	100*200	已入库	2012/12/19 9:55:23	2012/12/19 9:59:55		00

图 4-17　入库列表界面

4.4　思考题

1．管理者在智能生产中，可以通过观察哪些信息来判断生产是否出现问题？对比传统生产模式，智能生产中的生产异常是如何判断的？

2．试分析智能生产根据订单制订生产计划的好处。

3．结合本章介绍的智能生产物流技术，改进一个简单工艺流程。

第 5 章 智能仓储物流实训子系统

5.1 智能仓储物流系统概述

5.1.1 智能仓储系统的概念

自从有了生产活动，仓储就应运而生。仓储是生产活动的一个重要组成部分，并随着生产的发展而发展。特别是随着我国制造业的崛起，物流业也得到了迅猛发展，仓储越来越受到社会的广泛关注，大大促进了人们对仓储理论的研究，促使其逐步发展完善，从而成为一门独立的学科。

仓储活动是指利用仓库对物资进行储存和保管，以保管活动为中心，从仓库接收商品入库开始，到按需要把商品全部完好地发送出去为止的全部过程。它不同于生产或交易活动，是整个物流系统中衔接上下游物流活动的核心环节之一。仓储活动能够克服生产和消费在地理和时间上的分离，可以维持商品原有使用价值，加快资金周转，节约流通费用，降低物流成本，提高企业的经济效益。仓储活动的基本功能包括物品的入库、盘点、环境监控和出库信息处理四个方面，其中物品的出入库与在库盘点管理可以说是仓储最基本的活动和传统功能。环境监控是仓储物流活动中的安全辅助环节，为货物的存储的环境安全提供了保证。如今，随着管理手段与管理水平的不断提升，对仓储环境监控的研究也更普遍、更深入、更精细。纵向来看，仓储的发展经历人工和机械化仓储、自动化仓储和智能化仓储三个发展阶段。

1．人工和机械化仓储阶段

在人工和机械化的仓储阶段，物资的输送、仓储、管理、控制主要依靠人工及辅助机械来实现。物资通过各种各样的传送带、工业输送车、机械手、吊车、堆垛机和升降机来移动和搬运，用货架托盘和可移动货架存储物料，通过人工操作机械存取设备，用限位开关、螺旋机械制动和机械监视器等控制设备来运行。机械化仓储基本上满足了人们对速度、精度、高度、重量存取和搬运等方面的要求，具有明显的实时性和直观性优点。

2．自动化仓储阶段

自动化技术的运用对仓储的发展起了重要促进作用。自 20 世纪 50 年代末开始，有关机构相继研制和采用自动导引小车（AVG）、自动货架、自动存取机器人、自动识别和自动分拣等系统。到 20 世纪 70 年代，旋转体式货架、移动式货架、巷岛式堆垛机和其他搬运设备也加入了自动控制行列。但是各个设备只是实现了局部自动化进行独立应用，并未形成统一的自动化整体，因而又被称为“自动化孤岛”。随着计算机技术的发展，仓储工作重点转向物资的控制和管理，要求实时、协调和一体化。计算机之间、数据采集点之间、机械设备的控制器之间以及它们与主计算机之间的通信可以及时地汇总信息和及时地记录订货和到货时间，显示库存量，方便计划人员作出供货决策和管理人员随时掌握货源及需求。

3. 智能化仓储阶段

智能仓储物流管理系统就是基于自动识别技术对仓储各环节实施全过程的流程管理，以提高仓库管理人员对物品的入库、盘点、环境监控和出库操作作业的规范化，实现对货物货位、批次、保质期等信息的电子标签管理，有效地对仓库流程和空间进行管理，实现批次管理、快速出入库和动态盘点，从而有效地利用仓库存储空间，提高仓库的仓储能力，在物料的使用上实现先进先出原则，最终提高仓库存储空间的利用率，降低库存成本，提升市场竞争力。

5.1.2 智能仓储案例

随着中国物流业的迅猛发展，不仅增加了对仓储空间的需求，同时也对仓储的信息化和智能化提出了更高的要求，市场需求也非常广阔。智能仓储的应用已经非常广泛，国内外有很多优秀的应用案例。

1. 烟草物流运用 RFID 管理成品烟的整托盘运输

目前，国内已有浙江烟草、上海烟厂、辽宁烟厂和安徽烟草等多家烟草企业采用了 RFID 技术管理成品烟的整托盘运输。

采用 RFID 托盘标识关联件烟信息的方式，使件烟条码信息采集系统能够简单快捷地采集相关信息，利用后台数据库把电子标签与该电子标签所包含的件烟信息相关联，从而获取整托盘件烟的条码信息。

在卷烟到货时，系统采集每件到货件烟的条码信息，同时把采集到的信息与托盘标识的电子标签建立垛信息，再把垛信息压缩加密后保存在 RFID 电子标签的数据区域中。托盘上的电子标签 ID 号就与码放其上的件烟条码信息关联了起来。自此，件烟与托盘作为一个整体，以关联好的形式在企业内部进行存储、流通，如图 5-1a 所示。在企业内部存储流通期间，若托盘上件烟发生变更，则需要及时更新电子标签数据区中电子标签和托盘上件烟条码信息的垛信息，以确保垛信息的实时准确性，如图 5-1b 所示。在打码到条应用中需要采集拆箱的件烟条码信息，此时可以扫描代表托盘标识的电子标签，并根据电子标签数据区中件烟条码的垛信息，就能简单快捷地采集到整托盘全部件烟的条码信息。

把电子标签和件烟条码信息的垛信息与相应的仓库管理系统（如仓库电子地图系统、数字仓库管理系统）相结合，能够使仓库管理到区域（库位），管理到托盘，管理到件。

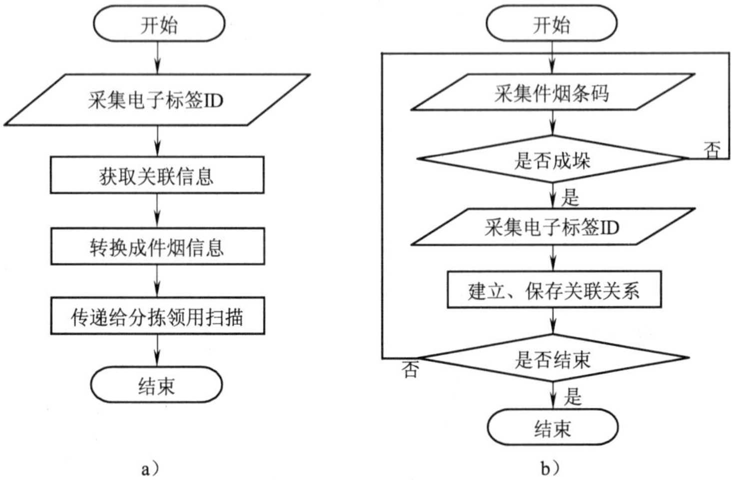

图 5-1　RFID 应用流程图

2. 天津港国际汽车物流公司 RFID 仓储物流管理

天津港国际汽车物流公司有一个数万平方米的堆场，能够存放数千辆待发出的商品车辆。这里的车辆周转非常频繁，工作量非常大。天津港国际汽车物流公司通过利用 RFID 管理技术进行了科学化流程管理实施，将停靠在堆场车位的商品车与相应停车位进行绑定，即每一个条码标签唯一标识一辆商品车，每一个 RFID 标签唯一标识一个停车库位，并使条码的信息与 RFID 标签的 ID 号一一对应进行绑定，从而实现了对堆场内车辆的定位管理和车辆属性信息的实时掌控，极大地提升了准确性及工作效率，并简化了工作业务流程。

3. 上海金山石化物流仓库 RFID 系统项目

上海金山石化物流有限公司仓库总面积为 18 000 平方米，分为六个区，共 18 个出入口，能够容纳近 15 000 吨货物，每天货物进出达数百吨。该公司利用 RFID 技术来完成出入库货物的自动确认，提高出入库、拆盘、拼盘、移仓、盘点的正确性、及时性、可视性。

管理人员利用电子标签对每一个需要管理的对象在其管理周期内进行标记管理，可以实时了解掌控每个被管理对象（物品）的性质、状态、位置、历史变化等信息，并根据这些信息采取相应的管理对策和措施，达到提高运营水平和管理质量的目的。

5.2 智能仓储物流实训系统原理与流程分析

5.2.1 智能仓储物流实训系统关键技术原理

智能仓储物流实训系统模拟货物从供应商供货到仓储部门保管的全部工作流程。仓库作业流程包括审核入库、在库盘点、环境监控和订单出库等环节，并能够根据各个环节的信息制订仓储计划。本系统将采用 RFID 技术、Zigbee 无线传感技术等，对仓库系统实施全过程的流程管理，其主要的设备和技术有：

1. RFID 智能出入库管理系统

顾名思义，RFID 智能出入库管理系统就是对出入库的货物进行有效的智能管制，其实现意图和实现逻辑几乎和传统的入库员手工输入一样，只不过结合了 RFID 标签、RFID 读写器、自动控制、计算机、网络通信等先进的技术和设备，实现与 RFID 技术在货物出入库管理中的有效结合，目的在于能够提供更加方便、更加灵活、更加高效、功能更加强大的仓库管理手段，如图 5-2 所示。

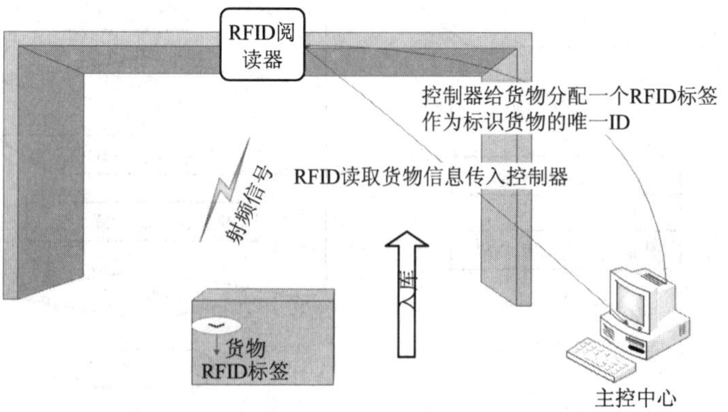

图 5-2　RFID 智能出入库管理系统原理图

RFID 出入库管理系统主要分为三个模块。

（1）感知模块：RFID 标签作为整个仓储内部环节的信息传递载体，将货物与包装箱进行绑定。

（2）信息读取模块：高频或者超高频 RFID 读写器，能够获取包装箱上的货物携带信息，并通过网络传输至整个系统的应用层面，供上层应用者进行管理与应用。

（3）控制模块：带有仓库管理系统平台软件的主机，将底层获取的信息进行整合与管理，从而为入库货物的存储、转移、盘点和出库作业进行业务层次的合理规划与调节。

（4）系统整体工作原理：货物到达仓储部门等待入库之前，赋予货物包装唯一的 RFID 标识，并建立货物与 RFID 标签的唯一绑定。在货物入库审核环节，系统对进入仓库过程中货物上的 RFID 标签与 RFID 读写器之间通过射频信号进行信息交换。当 RFID 读写器从 RFID 标签中获取信息后，读写器通过网络进行信息通信传输到主控系统。主控系统便可以获取货物包装的唯一身份标识。整个仓储系统从入库审核到出库审核之间的所有仓储作业中 RFID 标签一直与货物进行唯一绑定，保证在仓储系统中实现对该货物全生命周期的追溯目的。智能仓储管理系统软件平台可以以动态饼形图的方式显示每个货架上的货物数量，实现货物在仓库内的透明化管理。出库审核完成以后，RFID 标签信息将会与下一阶段的运输配送信息进行绑定和衔接。RFID 标签则被摘下回收，做到仓储内的循环利用。货物本身将继续沿用自己的条码进行信息标识，如图 5-3 所示。

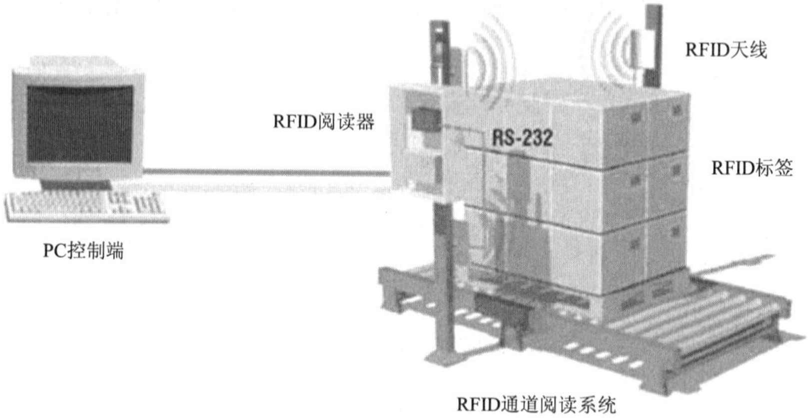

图 5-3　RFID 智能入库管理系统示意图

RFID 阅读系统通过托盘上货物的 RFID 标签数来获取到入库货物的信息，从而追溯整个托盘中入库货物的数量信息，并将获取到的信息存入数据库，供整个仓储作业环节的查询与应用。入库产品信息见表 5-1。

表 5-1　入库产品信息表

入库单 EPC	产品名称	产品数量	时间	备注
WARE0000001	产品 A	10	2012/11/18 17:40:48	
WARE0000002	产品 B	10	2012/11/18 17:40:48	
WARE0000003	产品 C	10	2012/11/18 17:40:48	
WARE0000004	产品 D	10	2012/11/18 17:40:48	

货物以托盘的形式进入仓储部门，经 RFID 通道阅读系统信息读取模块读取并存储货物入库信息。货物到达仓储内部的货物缓存区进行拆盘和必要的拆箱操作，等待排队入库上架，同时系统会根据该货物的属性（种类、温度和湿度要求、重量等）自动给该货物分配相应的仓库位置和货架位置，以便进行上架操作。系统数据库中的货物上架信息见表 5-2。

表 5-2　系统数据库中货物上架信息表

入库单 EPC	产 品 名 称	仓库 ID	产 品 数 量	时　　间	备　　注
WARE0000001	产品 A	001	10	2012/11/18 17:40:48	
WARE0000002	产品 B	001	10	2012/11/18 17:40:48	
WARE0000003	产品 C	001	10	2012/11/18 17:40:48	
WARE0000004	产品 D	001	10	2012/11/18 17:40:48	

2. 智能盘点小车

智能盘点小车主要由控制装置、供电装置、读写装置和上位机组成。供电装置为小车的运行提供能量，确保小车能够在盘点过程中正常运行。控制装置控制小车的运行速度和方向，保证小车能够准确地定位和到达。读写装置在小车到达准确位置以后，通过上下移动来读取仓库中货架上的货物信息，完成仓库内货架上货物的自动盘点功能，并将获取的信息与上位机进行数据通信，供上层应用者进行数据分析和管理。上位机对小车的运行串口及协议进行设置，保证小车能在上位机的控制下正常运行。智能盘点小车的结构如图 5-4 所示。

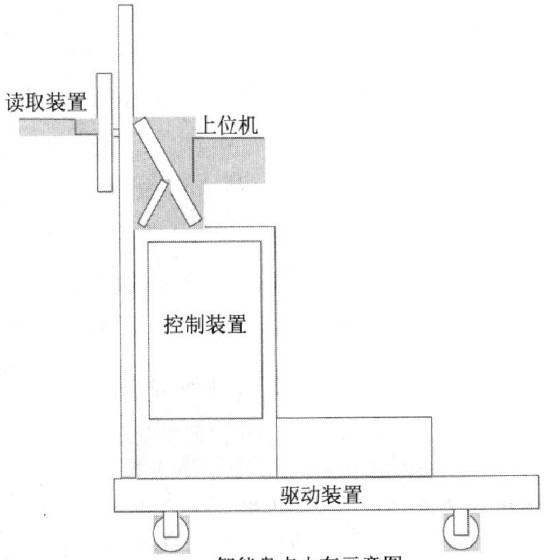

图 5-4　智能盘点小车结构示意图

智能盘点小车的工作原理是仓储系统客户端根据具体业务制订相应的盘点计划，然后将盘点计划下发到智能盘点小车的上位机上，再由上位机控制智能盘点小车对仓储内货架上的货物进行盘点操作，实现对仓储内指定位置、指定货架、指定商品的信息进行实时了解和跟踪，便于对仓储内货物的管理和整个系统的订货、分销计划的制订，避免了因缺货、库存过多等问题给分销商和仓储方带来成本的压力。

远程仓储系统客户端制订盘点计划，确定盘点的区域以及该区域内指定的仓库和货架位置，通过“区域 ID→仓库 ID→货架 ID”的层次关系找到需要盘点的具体货物的位置。上位机将制订的盘点计划下达至盘点小车，操纵小车进行盘点操作。盘点计划见表 5-3。

表 5-3　盘点计划表

盘点单编号	盘点区域 ID	仓库 ID	货架 ID	商品名称	数　量	盘点时间	备　注
Check-001234	A1	001	00A				
Check-001235	A2	001	00A				
Check-001236	A3	001	00A				
Check-001237	A4	001	00A				
Check-001238	B1	001	00A				

3. 智能环境监控

智能环境监控主要由 Zigbee 主节点和从节点组成，利用主节点与从节点的通信作用实现信息交互，并将所有子节点环境信息上传至客户端的环境监控软件，以图表的形式生动直观地展现在客户端，同时还能设定好环境信息的上下限值，并做到实时获取仓库内的温度和湿度等信息，与设定值进行比对，实现自动预警功能，提高仓储管理的安全性，体现人工智能化优势。

环境监控系统需要在指定的区域、仓库和货架上配有与之相应的环境监控子节点，并间断性地启动（必要时可以实时开启），将采集的信息及时上传至客户端，通过“货架→仓库→区域”进行环境信息上传，以保存到系统数据库中，供仓储系统使用者决策。系统数据库的环境监控信息表见表 5-4。

表 5-4　系统数据库的环境监控信息表

区域 ID	仓库 ID	货架 ID	温度/℃	湿度（%）	烟雾浓度/ppm	状　态	时　间	备　注
A1	001	00A						
A2	001	00A						
A3	001	00A						
A4	001	00A						
B1	001	00A						

智能仓储环境监控系统如图 5-5 所示。

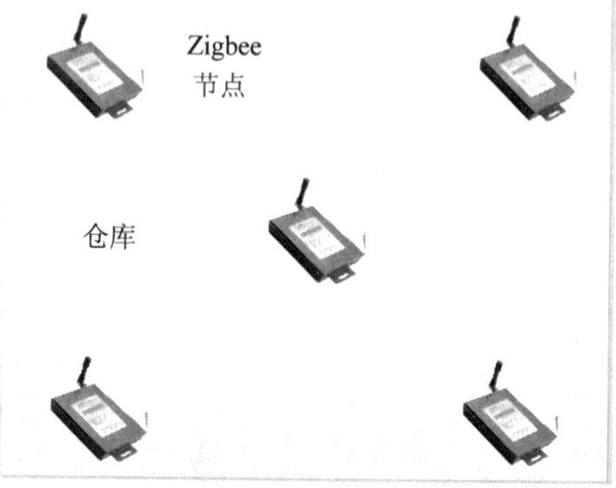

图 5-5　智能仓储环境监控系统示意图

借助智能仓储系统中关键设备与技术的帮助可以很大幅度地优化仓储管内部各业务功能效率，提高货物周转率和缩短订单的响应时间，加快仓储系统中信息流与实体流的同步，实现仓储中设备、货物与信息的协调同步。

5.2.2 智能仓储物流实训系统流程分析

在入库订单信息管理阶段对入库审核货物信息按时间先后顺序进行排序，以方便将此信息与入库的货物实际信息进行核对。入库单信息见表 5-5。

表 5-5 入库单信息表

入库单 EPC	仓 库 编 号	产 品 名 称	数 量	状 态	时 间	备 注
WARE0000001	001	产品 A	10	未入库	2012/11/18 17:40:48	
WARE0000002	001	产品 B	10	未入库	2012/11/18 18:40:48	
WARE0000003	001	产品 C	10	未入库	2012/11/18 19:40:48	
WARE0000004	001	产品 D	10	未入库	2012/11/18 20:40:48	

在审核入库环节，检查外包装无破损后，系统将赋予每一个包装箱唯一的 RFID 标签。RFID 通道阅读系统通过智能入库系统审核生产商提供给仓储方的货物信息，并将信息表与实际入库时的货物信息进行比对。如果审核不合格，货物将被退回至入库环节的退货暂存区域，供运输方运回给供应商进行退换货处理；若审核合格，货物将暂存在货物暂存区，审核信息和入库信息会自动添加到系统的数据库中进行存储并添加到订单信息管理系统，作为历史订单数据进行订单管理，并同步更改审核入库管理中审核入库状态。仓储管理系统在确定审核状态以后，根据货物暂存区内的货物排队情况和仓储管理系统分配的货物存储区位置信息，借助叉车和自动搬运小车对货物进行上架操作，并将货物位置信息和货物的基本信息一起录入库状态管理系统，对货物信息进行位置监控。

货物到达仓库，通过入库审核后，经 RFID 阅读通道读取外包装上标签的信息，得到入库货物信息表，见表 5-6。

表 5-6 ·入库货物信息列表

入库单编码	Ware-0000001					
产 品 编 码	仓 库 编 号	产 品 名 称	库 位	状 态	时 间	备 注
303400000400004000000001	001	产品 A	A1	入库操作	2012/11/18 22:30:48	
303400000400004000000002	001	产品 A	A1	入库操作	2012/11/18 22:30:48	
303400000400004000000003	001	产品 A	A1	入库操作	2012/11/18 22:30:48	
303400000400004000000004	001	产品 A	A1	入库操作	2012/11/18 22:30:48	
303400000400004000000005	001	产品 A	A1	入库操作	2012/11/18 22:30:48	
303400000400004000000006	001	产品 A	A1	入库操作	2012/11/18 22:30:48	
303400000400004000000007	001	产品 A	A1	入库操作	2012/11/18 22:30:48	
303400000400004000000008	001	产品 A	A1	入库操作	2012/11/18 22:30:48	
303400000400004000000009	001	产品 A	A1	入库操作	2012/11/18 22:30:48	
3034000004000040000000010	001	产品 A	A1	入库操作	2012/11/18 22:30:48	

库货架管理环节主要是对仓库内上架的货物进行位置监控，货物在货架上放置时，有时可能因为业务的需要对货物位置进行移动，此时产生的信息会通过仓库内智能货架的 RFID 读写器来进行位置信息的实时读取，然后将读取的信息发送回到在库货架管理环节，进行位

置信息比对，若一致则不用更新其位置信息，若出现不一致则以最近的时间点为准，将货物的位置信息更新至最新状态。

库盘点管理环节将根据盘点计划，由“区域 ID→仓库 ID→货架 ID”进行货物的盘点操作。每次盘点计划需要制订好盘点时间和需要盘点货物位置（区域 ID→仓库 ID→货架 ID），同时对智能盘点小车进行时间间隔设定和盘点路线优化。自动盘点小车会根据设定好的时间间隔和最优的行进路径进入仓库内进行扫描盘点。入库货物信息见表 5-7。

表 5-7　入库货物信息列表

入库单编码	Ware-0000001					
产 品 编 码	仓 库 编 号	产 品 名 称	库　　位	状　　态	时　　间	备　　注
30340000040000400000000001	001	产品 A	A1	入库操作	2012/11/18 22:30:48	
30340000040000400000000002	001	产品 A	A1	入库操作	2012/11/18 22:30:48	
30340000040000400000000003	001	产品 A	A1	入库操作	2012/11/18 22:30:48	
30340000040000400000000004	001	产品 A	A1	入库操作	2012/11/18 22:30:48	
30340000040000400000000005	001	产品 A	A1	入库操作	2012/11/18 22:30:48	
30340000040000400000000006	001	产品 A	A1	入库操作	2012/11/18 22:30:48	
30340000040000400000000007	001	产品 A	A1	入库操作	2012/11/18 22:30:48	
30340000040000400000000008	001	产品 A	A1	入库操作	2012/11/18 22:30:48	
30340000040000400000000009	001	产品 A	A1	入库操作	2012/11/18 22:30:48	
303400000400004000000000010	001	产品 A	A1	入库操作	2012/11/18 22:30:48	

自动盘点小车的读写器会将盘点过程中读取的货物信息上传给盘点小车上位机，再由上位机将盘点返回的信息上传至客户端的在库盘点管理系统。信息会自动与入库上架时的货物信息进行数量比对。比对的结果也会动态显示于在库盘点管理界面上，以便直观浏览盘亏和盘盈信息，实现可视化管理。产品盘点结果见表 5-8。

表 5-8　产品盘点结果信息表

盘点单编号	Check-001234				
产 品 编 码	仓 库 编 号	产 品 名 称	盘 点 状 态	盘 点 时 间	备　　注
30340000040000400000000001	001	产品 A	在库	2012/11/19 10:57:28	
30340000040000400000000002	001	产品 A	在库	2012/11/19 10:57:28	
30340000040000400000000003	001	产品 A	在库	2012/11/19 10:57:28	
30340000040000400000000004	001	产品 A	在库	2012/11/19 10:57:28	
30340000040000400000000005	001	产品 A	在库	2012/11/19 10:57:28	
30340000040000400000000006	001	产品 A	在库	2012/11/19 10:57:28	
30340000040000400000000007	001	产品 A	在库	2012/11/19 10:57:28	
30340000040000400000000008	001	产品 A	在库	2012/11/19 10:57:28	
30340000040000400000000009	001	产品 A	在库	2012/11/19 10:57:28	
303400000400004000000000010	001	产品 A	在库	2012/11/19 10:57:28	

环境监控管理借助 Zigbee 感知节点，对货物存储的温度、湿度环境和异常环境信息进行实时监控和预警，以保证货物存储的外界环境适宜，同时对异常环境信息预警，比如烟雾浓度超过了预设值，系统会自动报警。仓储管理员根据报警信息查看仓库中是否存在异常现象，以便做到及时防护。仓库指定区域和仓库内货架上的环境信息会清晰地显示在监控信息表中。仓库环境监控信息见表 5-9。

表 5-9 仓库环境监控信息表

仓库编号	库　位	温度/℃	湿度（%）	烟雾浓度/ ppm	状　态	时　间	备　注
001	A1	26	55	10	正常	2012/11/19 10:37:28	
001	A1	24	48	11	正常	2012/11/19 12:37:28	
001	A1	26	54	10	正常	2012/11/19 14:37:28	
001	A1	25	51	9	正常	2012/11/19 16:37:28	
001	A1	26	49	10	正常	2012/11/19 18:37:28	

当接到配送中心发来的出库指令后，仓库将根据库存情况进行出库操作。如果仓库库存数量不能满足出库单，仓储系统会自动向该商品类型的供应商发出订货请求，以便达到安全库存。若仓储的商品足够，仓库则接受出库请求，进行出库信息审核，下达出库单，实施出库操作。出库单信息见表 5-10。

表 5-10 出库单信息表

出库单号	订单号	产品名称	数　量	时　间	备　注
Out-20121029175327	Order-20121029114428	产品 A	10	2012/11/20 11:23:48	
Out-20121029175328	Order-20121029114429	产品 B	10	2012/11/20 11:23:48	
Out-20121029175329	Order-20121029114427	产品 B	10	2012/11/20 11:23:48	
Out-20121029175330	Order-20121029114426	产品 C	10	2012/11/20 11:23:48	
Out-20121029175331	Order-20121029114425	产品 C	10	2012/11/20 11:23:48	

仓库部门根据出库单进行出库操作，首先使用 RFID 读写器依次读取需要出库的产品，然后记录产品出库的时间，再生成产品出库信息表，见表 5-11。

表 5-11 产品出库信息列表

出库单号						
仓库编号	库　位	产品编码	产品名称	状　态	时　间	备　注
001	A1	303400000400004000000001	产品 A	出库	2012/11/20 12:13:28	
001	A1	303400000400004000000002	产品 A	出库	2012/11/20 12:13:28	
001	A1	303400000400004000000003	产品 A	出库	2012/11/20 12:13:28	
001	A1	303400000400004000000004	产品 A	出库	2012/11/20 12:13:28	
001	A1	303400000400004000000005	产品 A	出库	2012/11/20 12:13:28	
001	A1	303400000400004000000006	产品 A	出库	2012/11/20 12:13:28	
001	A1	303400000400004000000007	产品 A	出库	2012/11/20 12:13:28	
001	A1	303400000400004000000008	产品 A	出库	2012/11/20 12:13:28	
001	A1	303400000400004000000009	产品 A	出库	2012/11/20 12:13:28	
001	A1	3034000004000040000000010	产品 A	出库	2012/11/20 12:13:28	

5.3　智能仓储物流实训内容

5.3.1　入库实验

一、实验目的

1．了解仓储环节业务流程中的货物入库作业流程。

2．学习 RFID 读写器扫描货物入库操作的基本原理。

3．将扫描后的货物进行上架操作，并将货架编号与货物绑定。

二、实验内容

1．读取待入库产品 EPC，将产品进行入库操作。

2．利用软件生成货架 EPC，将货架进行唯一标识。

3．将生成的货架 EPC 与货物进行绑定。

三、实验器材

1．一台带有 USB 接口的计算机，软件环境为 Windows 7 或 Windows XP 操作系统。

2．RFID 读写器。

3．超高频 RFID 标签。

4．智能仓储物流实训软件平台。

四、实验步骤

1．连接好计算机和 RFID 读写器，启动智能仓储软件平台。

2．使用 RFID 读写器读取待入库货物信息，生成“在库产品信息”，如图 5-6 所示。

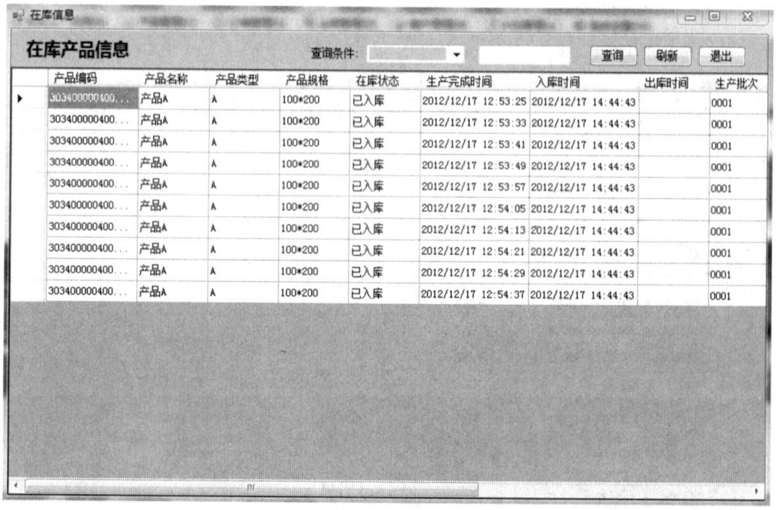

图 5-6　在库信息界面

3．利用智能仓储软件平台生成货架的 EPC 编号，将已入库的货物进行上架并与货架绑定操作。

5.3.2 智能盘点实验

一、实验目的

1．了解仓储环节业务流程的货物盘点业务流程。

2．学习 RFID 标签及智能盘点小车的基本工作原理。

3．掌握使用智能盘点小车实现货物盘点业务。

二、实验内容

1．根据要求，利用智能仓储物流实训软件平台生成待盘点货物信息表。

2．通过智能仓储物流实训软件平台获取货架与货物对应信息表，以此作为盘点结果的依据。

3．进行盘点操作。

三、实验器材

1．一台带有 USB 接口的计算机，软件环境为 Windows 8、Windows 7 或 Windows XP 操作系统。

2．智能盘点小车。

3．超高频 RFID 标签。

4．智能仓储物流实训软件平台。

四、实验步骤

1．连接好计算机和 RFID 读写器，启动智能仓储物流实训软件平台。

2．使用智能仓储物流实训软件平台生成待盘点货物信息列表，如图 5-7 所示。

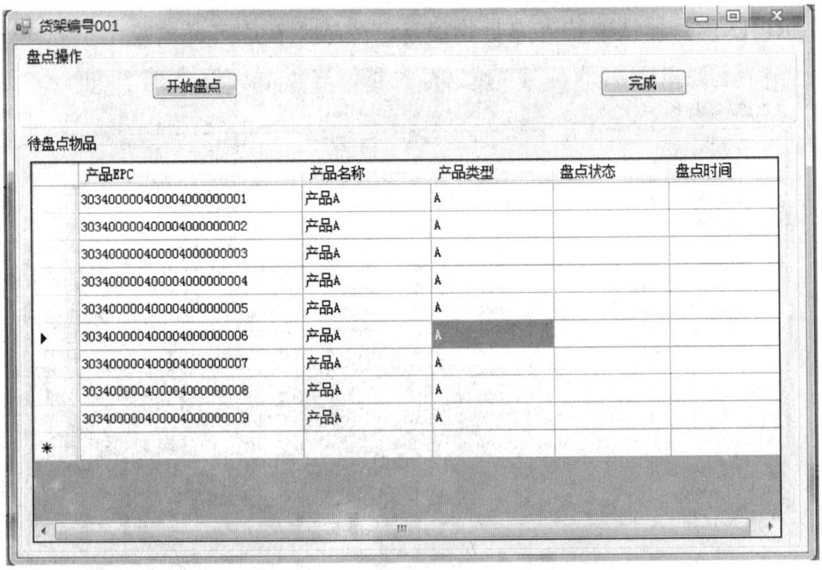

图 5-7　盘点货物信息列表

3．根据货架与货物的对应信息表，制订智能盘点小车的盘点指令，同时启动智能盘点小车使之处于正常工作状态。

4. 下达完指令后，单击“开始盘点”按钮进行智能盘点小车操作，生成盘点结果信息，如图 5-8 所示。

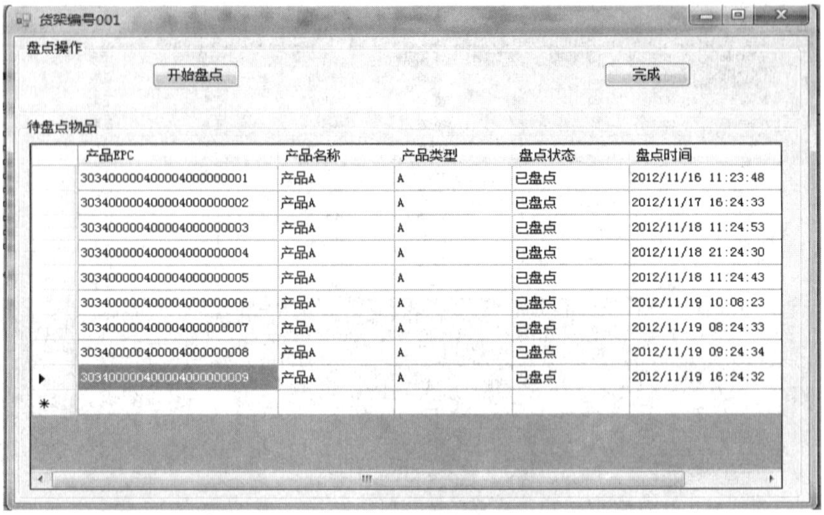

图 5-8　盘点操作结果

5.3.3　环境监控实验

一、实验目的

1. 了解仓储环节业务流程中环境监控的意义。

2. 学习 Zigbee 技术的通信原理及传感器的基本原理。

3. 掌握使用 Zigbee 技术对仓储内部进行环境监控实验。

二、实验内容

1. Zigbee 环境设备的配置与安装，调试好环境监控网络。

2. 将配置好的 Zigbee 进行分配，进行 Zigbee 子节点与货架 EPC 以及货物的绑定操作。

3. 软件测试，获取到环境监控信息。

三、实验器材

1. 一台带有 USB 接口的计算机，软件环境为 Windows 8、Windows 7 或 Windows XP 操作系统。

2. Zigbee 节点和子节点设备。

3. 超高频 RFID 标签。

4. 智能仓储物流实训软件平台。

四、实验步骤

1. 将计算机与 Zigbee 设备进行配置与安装，启动智能仓储物流实训软件平台，通过软件赋予每个节点一个唯一的编号。

2. 将分配好的环境监控节点与监控的货架 EPC 和货物 EPC 绑定，建立两者之间的关联。

3. 将主节点和分配的子节点打开，保证都处于正常工作状态。

4．利用智能仓储物流实训软件平台，单击“环境监控”按钮获得监控环境信息，如图5-9所示。

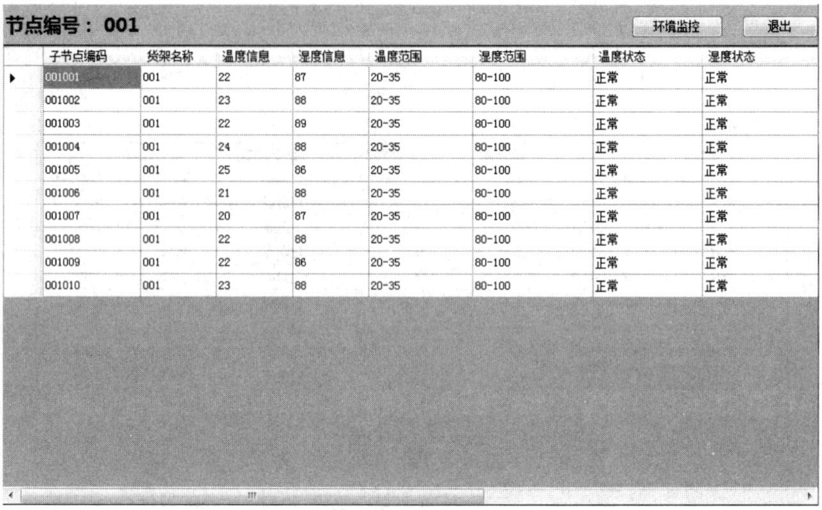

子节点编码	货架名称	温度信息	湿度信息	温度范围	湿度范围	温度状态	湿度状态
001001	001	22	87	20-35	80-100	正常	正常
001002	001	23	88	20-35	80-100	正常	正常
001003	001	22	89	20-35	80-100	正常	正常
001004	001	24	88	20-35	80-100	正常	正常
001005	001	25	86	20-35	80-100	正常	正常
001006	001	21	88	20-35	80-100	正常	正常
001007	001	20	87	20-35	80-100	正常	正常
001008	001	22	88	20-35	80-100	正常	正常
001009	001	22	86	20-35	80-100	正常	正常
001010	001	23	88	20-35	80-100	正常	正常

图 5-9　环境监控信息界面

5.3.4　出库实验

一、实验目的

1．了解仓储环节业务流程中的货物出库作业环节。

2．掌握 RFID 读写器扫描货物出库操作的基本原理。

二、实验内容

读取待出库产品 EPC，将产品进行出库操作。

三、实验器材

1．一台带有 USB 接口的计算机，软件环境为 Windows 8、Windows 7 或 Windows XP 操作系统。

2．RFID 读写器。

3．超高频 RFID 标签。

4．智能仓储物流实训软件平台。

四、实验步骤

1．连接好计算机和 RFID 读写器，启动智能仓储物流实训软件平台。

2．根据订货单制订出库计划，使用智能仓储物流实训软件平台生成出库货物信息，如图 5-10 所示。

3．通过读写器读取出库货物信息表中的货物，单击“扫描出库”按钮，读取列表中商品的 EPC 标签，读取过的产品的库存状态会变为出库，同时出库时间会被记录下来并显示，读取过的产品对应的信息栏会有颜色变化，以方便用户操作，出库管理操作界面如图 5-10 所示。

图 5-10　出库管理界面

5.4　思考题

1．哪些仓储技术节省了空间？哪些技术提高了物流仓储系统的效率？

2．智能仓储系统集成了哪些物联网技术？技术优势又是如何体现的？

3．描述一个你见过的仓库是否具有物联网设备或运用智能化技术；如果没有，你觉得在哪些环节可以改进？

4．进一步调研国内外智能仓储系统的发展现状及趋势。

第 6 章
智能配送与智能运输实训子系统

6.1 智能配送与智能运输系统概述

6.1.1 智能配送与智能运输系统的概念

在物流的完整过程中，配送与运输起着至关重要的作用，是企业的“第三利润源”。以流通的观念来看，配送是指将被订购的商品，使用交通工具将其从产地或仓库送达客户的活动。配送的形态可以是从制造厂仓库直接运送给客户，也可以再经过批发商、经销商或由物流中心转送至客户。配送的目的在于克服供应商与消费者之间空间上的距离。运输是配送实现的根本手段，是运动中的活动，它与静止的保管不同，要依靠动力消耗才能实现，承担大跨度空间转移的任务，所以活动的时间长、距离远、消耗大。物流是物品实体的物理性运动，不但改变了物品的时间状态，也改变了物品的空间状态。配送过程中的其他各项活动，如包装、装卸搬运、物流信息等，都是围绕着运输而进行的。可以说，在科学技术不断进步、生产社会化和专业化分工程度不断提高的今天，一切物质产品的生产和消费都离不开配送与运输。

智能配送是指运用计算机技术、GPS、GIS 等技术，根据配送的要求，制订一个高效、可控的配送方案。

智能运输系统起源于公路交通运输的发展。随着机动车普及率的提高和公路交通需求的增加，交通拥堵问题日益突出，公路和城市道路运输的效率受到制约。为解决这一矛盾，各国纷纷加大了道路建设的力度。与此同时，为缓解新建公路和道路在土地占用、城市改造和建设资金等方面的压力，提高现有道路、公路网络的运输能力和运输效率，成为解决交通运输问题的另一重要途径。日本、美国和欧洲发达国家为了解决交通问题，竞相投入大量资金和人力，开始大规模地进行道路交通运输智能化的研究和试验。随着研究的不断深入，智能交通系统功能扩展到道路交通运输的全过程及其有关服务部门，并发展成为带动整个道路交通运输现代化的智能管理系统。智能运输系统的服务领域为先进的交通管理系统、出行信息服务系统、商用车辆运营系统、电子收费系统、公共交通运营系统、应急管理系统、先进的车辆控制系统。“智能运输系统”实质上就是利用高新技术对传统的运输系统进行改造而形成的一种信息化、智能化、社会化的新型运输系统。

现代物流活动中，智能运输系统的作用越来越受到重视，它在城市配送及道路运输方面体现了极大的优势。智能配送与智能运输实训子系统模拟了企业物流活动中的配送及运输环节，通过 GPS、RFID 等技术实现运输环节的实时监控，直观体现了现代智能运输体系的运作模式及关键技术原理。

6.1.2　智能配送案例

智能化物流配送系统的突出特点就是智能性，是指企业可以通过物流配送系统对物流过程实现信息全覆盖，在存储、分拣、分装等作业密集的环节采用高效的自动化设备进行处理，实现整体系统的智能化、自动化操作和管理，从而实现合理资源调配和高效作业，使物流配送更加合理和高效。正是由于其明显的优势，智能化配送在更多的场合得到应用。

1. 北京维深科技发展有限公司的 RFID 车辆管理系统解决方案

北京维深科技发展有限公司开发的射频 ID 识别系统和人工视频车牌识别系统可以用于检测车辆的合法身份，实现合法身份的车辆不用停车，无障碍进入单位或经门卫判断控制车辆出入的功能。

该公司的 RFID 车辆管理系统解决方案的工作流程如图 6-1 所示。

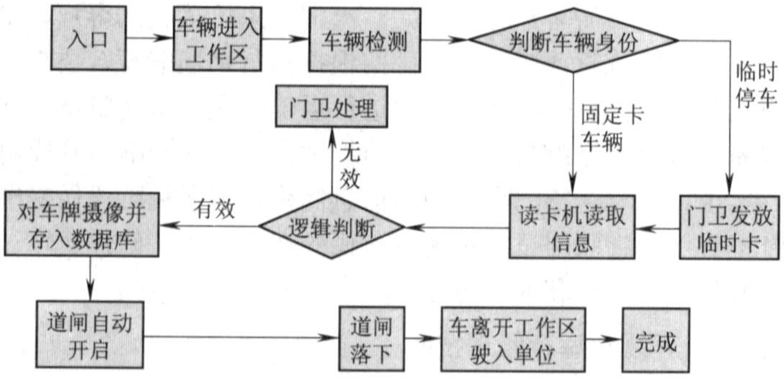

图 6-1　车辆监控系统工作流程图

（1）临时车辆进入停车场入口时，设在车道下的地感线圈检测到车辆。此时门卫根据车上人员的身份判断是否放行，如果确认是可放行车辆即发一张短距离射频卡。在刷卡的同时入口摄像机自动启动，摄录一幅该车辆图像，存入管理处的计算机硬盘中。司机取卡后，自动道闸机升起栏杆放行车辆。车辆通过车辆检测线圈后，栏杆自动放下。

（2）固定卡车辆进入车道 RFID 读写设备入口天线覆盖区域时，RFID 读写器读取车上的电子标签信息，并将数据上传至服务器。数据核对有效后，自动道闸升起栏杆，同时自动启动入口摄像机，摄录一幅该车辆图像，存入管理处的计算机硬盘中。若采集的电子标签数据不能和数据库中的原始数据匹配，则栏杆不会抬起，需要人工检查车辆，确定是否放行。

2. 智能配送管理系统在沃尔玛超市的应用

美国零售巨头沃尔玛商场的最大优势就是其高效的配送系统。沃尔玛不断革新其持续快速补充货架的物流战略，不断引进和运用现代化供应链管理技术，货架持续保持足够商品数量、种类和质量，避免货物脱销和短缺，从而使沃尔玛在世界各地的商场供应链的经济效益和服务效率大幅度提高，最终造就了沃尔玛今日的辉煌。

沃尔玛在世界各地的零售商场和配送中心普遍采用 RFID 标签技术后，货物短缺和产品脱销发生率降低 16%，从而大幅度提高了客户服务满意率。RFID 标签是在每一种甚至每一件货物上应用技术含量远超过条码的信息识别技术。在货物进出通道口的时候，RFID 标签能够发出无线信号，把信息传递给无线射频机读器，于是供应链经营管理部门的各个环节就能同步显示了。仓库、堆场、配送中心甚至商场货架上的有关商品的存货动态情况就能一目了然。

沃尔玛采用的 RFID 标签技术能够有效避免订货和货物发送的重复操作和遗漏，避免产品或者商品供应链经营操作中的死角和黑箱。

RFID 标签技术的操作方式相当简便，只需要少数人参与，货物跟踪和存货搜索效率惊人，大幅度提高了存货管理水平，减少了库存并降低了物流成本。沃尔玛商场的工作人员手持 RFID 标签技术机读器走进商场销售大厅或者货物仓库，用发射天线对着货物只需轻轻一扫，各种货物的数量、存量等动态信息就会全部自动出现在机读器的屏幕上，已经缺货和即将发生短缺的货物栏目则会发出提示警告声光信号，无一漏缺。

6.2 智能配送与智能运输实训子系统关键技术原理与流程分析

6.2.1 智能配送与智能运输实训子系统关键技术原理

智能配送系统的运行从下游客户订单开始。当配送系统接收到客户订单后，进行处理生成相应的配送单，并发送给拣货部门。拣货部门根据拣货单选取符合要求的商品进行装箱、装盘等操作，再将包装好的商品交给运输部门进行运输配送，最终将商品送达客户手中。智能配送与智能运输系统分为配送准备以及运输监控两部分。配送准备阶段对将要配送的商品进行信息化处理，实现人、车、货三者之间的信息同步，为运输阶段做好准备。运输监控部分通过 GPS、RFID 等现代物联网技术实现对车辆的在途监控，确保运输过程安全准时，最终实现商品流通全程的信息流畅和安全可靠。

1. 快速订单处理及可视化库存管理技术

智能配送系统需要快速响应客户订单，并依据库存水平制订相应的配送计划。在技术实现上利用 Web 信息共享技术实现订单的快速传递与响应；在库存管理上，通过 RFID 技术实现对库存状况的实时管理，保证库存信息的准确性。该系统的工作原理如图 6-2 所示。

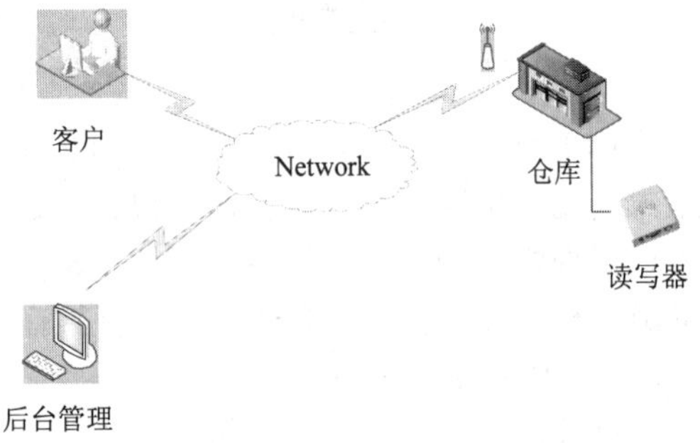

图 6-2 快速订单处理及库存管理工作原理图

2. 贴标系统及标签信息绑定系统

在配送准备阶段，需要对商品包装以及托盘进行贴标处理，即利用系统绑定功能将商品的 EPC 与包装箱的 EPC 以及托盘编码进行绑定，再通过 RFID 读写器完成包装 EPC 绑定操作以及车辆 EPC 的识别与绑定，其工作原理如图 6-3 所示。

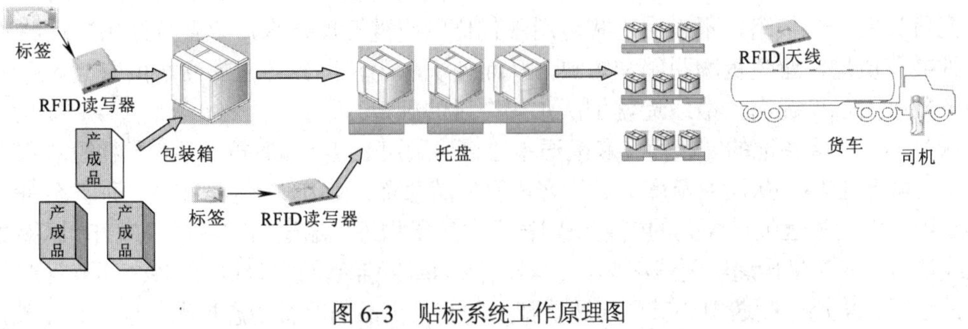

图 6-3 贴标系统工作原理图

配送准备阶段，使用到的设备包括：超高频 RFID 标签（如图 6-4 所示），RFID 读写器及天线等（如图 6-5 所示），内嵌 RFID 读写器的手持终端（如图 6-6 所示），含分拣机的传送带（如图 6-7 所示）和托盘（如图 6-8 所示）、包装箱等存储设备。

图 6-4 超高频 RFID 标签

图 6-5 RFID 读写器及天线

图 6-6 手持终端

图 6-7 含分拣机的传送带

图 6-8 托盘

3. 车辆定位追踪系统

车辆定位追踪系统包含 GPS 和 GIS 技术。GPS 定位的基本原理是根据高速运动的卫星瞬间位置作为已知的起始数据，采用空间距离后方交会的方法，确定待测点的位置。而 GIS 是以地理空间数据库为基础，在计算机的支持下，运用系统工程和信息科学的理论，科学管理和综合分析具有空间内涵的地理数据，以提供管理、决策等所需信息的技术系统。

在许多应用场合，GPS 与 GIS 是不可分割的，只有利用 GIS，用户才能直观地在上位机看到位置与各种地理信息；只有依靠 GPS，才能够获取用户的位置信息。在智能运输系统中，用户以手机为定位端，通过 GPRS 数据传输方式，后台管理系统通过接收服务器的数据，获取 GPS 数据，并通过 GIS 进行显示，如图 6-9 所示。

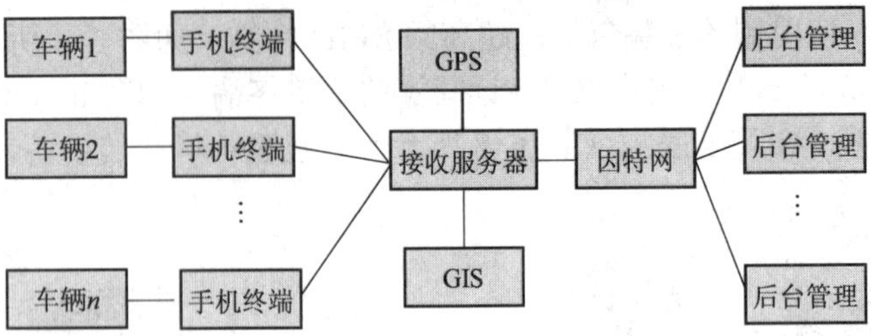

图 6-9　车辆定位追踪系统结构图

车载 GPS 终端确定车辆的空间坐标信息，将位置信息发送至 Web 服务器，通过 Web GIS 确定车辆所在坐标的地理环境信息。后台管理系统就能通过位置数据进行相应的监控与管理。

4．车辆状态监控系统

针对在途车辆的状态监控，智能运输系统运用了无线传感技术，在车厢内部、车胎等位置安装各类传感器，如温度和湿度传感器、胎压传感器等，再通过 Zigbee 技术将车辆状态信息传递到车载终端，并运用 GPRS 技术将车辆环境信息等状态数据传输至网络服务器，即可实现对车辆状态的实时监控，如图 6-10 所示。

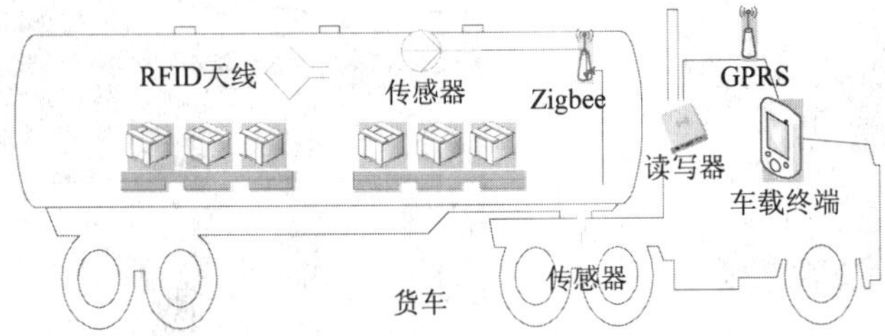

图 6-10　车辆状态监控系统示意图

车载终端不仅能接收车辆位置信息数据、车辆环境信息数据，还可通过车载 RFID 天线识别司机以及车辆的 EPC 编码，并将 GPS 数据、环境数据以及车辆人员 EPC 等数据一并通过 GPRS 发送至网络服务器。这就不仅实现了车辆的位置监控、车载环境监控，还能根据车辆 EPC 提供车载商品的追溯与管理。

智能运输系统所涉及的硬件设备包括：车载 GPS 终端，Zigbee 节点（如图 6-11、图 6-12 所示）和 RFID 读写器。

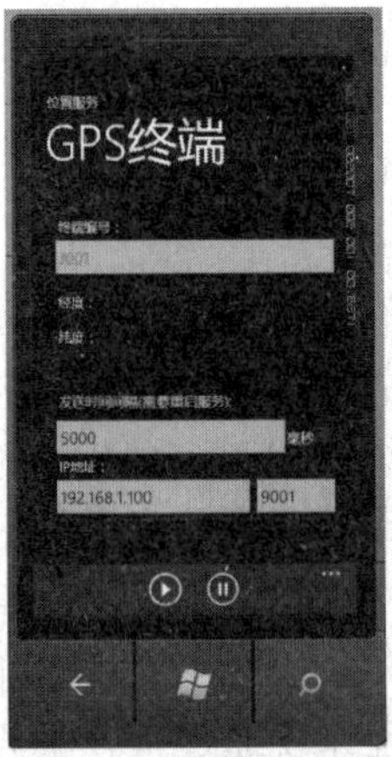

图 6-11　车载 GPS 终端

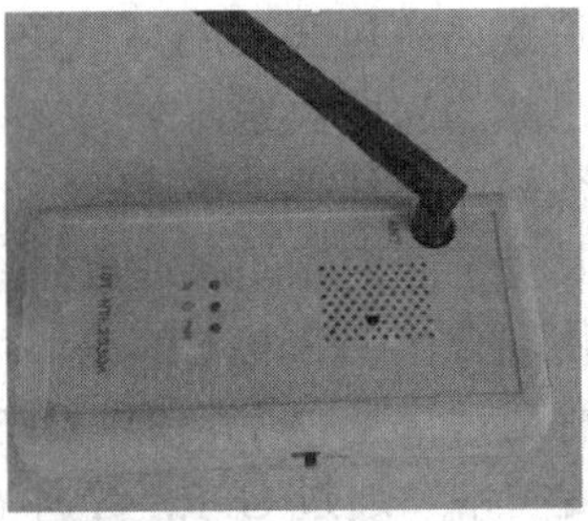

图 6-12　Zigbee 节点

6.2.2 智能配送与智能运输实训子系统流程分析

1. 智能配送子系统流程分析

智能配送子系统收到客户订单后，首先要通过订单处理程序决定是否接受此订单。系统接受订单后，根据现有的库存状况为订单分配符合要求的产品，进行拣选操作，在装箱和装盘操作过程中利用 RFID 读写器，识别选取的商品 EPC 并将这些商品 EPC 与软件生成的包装箱编码以及托盘编码进行绑定操作，实现多件商品对应一个包装箱 EPC、多个包装箱对应一个托盘 EPC，实现商品的可追溯。接着对完成绑定操作的托盘进行装车操作，将车辆编码以及司机编号与所载托盘 EPC 进行绑定，形成多级式 EPC 查询方案，使得商品的查询与管理变得简单而高效。配送准备业务流程如图 6-13 所示。

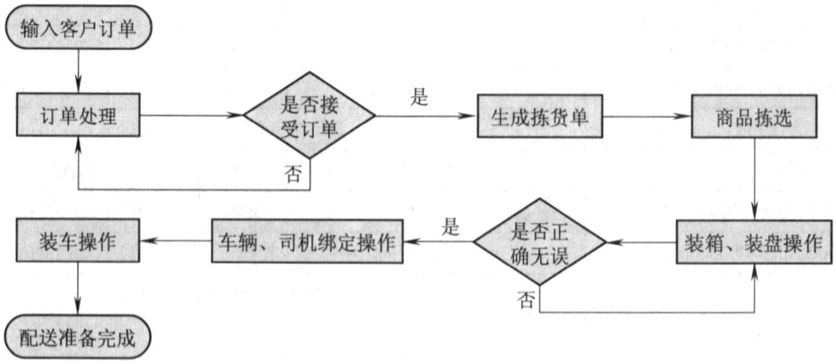

图 6-13　智能配送准备业务流程图

智能配送子系统的关键技术包括：

配送环节实际操作流程从接受客户订单到制订相应的配送计划，对需要的商品进行装盘、包装操作，绑定人、车、货信息，对配送商品进行装车，完成配送准备。

配送环节由客户订单发起，当配送中心收到来自客户的订单（见表 6-1），配送中心根据现有库存信息，决定是否接受订单。接受订单之后，配送中心确定配送计划，生成相应的出库单信息，见表 6-2。

表 6-1　超市订单信息表

订单号	产品名称	数量	订货商	状态	订货时间	备注
Order-20121029114428	产品 A	10	××超市	已受理	2012/11/16 11:23:48	
Order-20121029114427	产品 B	10	××超市	已受理	2012/11/16 11:23:48	
Order-20121029114426	产品 B	10	××超市	已受理	2012/11/16 11:23:48	
Order-20121029114425	产品 C	10	××超市	已受理	2012/11/16 11:23:48	
Order-20121029114424	产品 C	10	××超市	已受理	2012/11/16 11:23:48	

表 6-2　出库单信息表

出库单号	订单号	产品名称	数量	时间	备注
Out-20121029175327	Order-20121029114428	产品 A	10	2012/11/20 11:23:48	
Out-20121029175326	Order-20121029114427	产品 B	10	2012/11/20 11:23:48	
Out-20121029175325	Order-20121029114426	产品 B	10	2012/11/20 11:23:48	
Out-20121029175324	Order-20121029114425	产品 C	10	2012/11/20 11:23:48	
Out-20121029175323	Order-20121029114424	产品 C	10	2012/11/20 11:23:48	

出库单生成以后，配送中心将出库单发往仓库，由仓库完成所需商品的出库过程。出库完成的商品将被运至流通加工中心，对产品进行包装操作。

出库完成后，货物经分拣环节进行装箱。在装箱环节，将指定数目的产成品包装成箱，并以箱为单位贴上 RFID 电子标签，生成装箱数据。产品装箱信息见表 6-3。

表 6-3　产品装箱信息列表

包装箱 EPC	307400000400004000000001			
产品 EPC	产品名称	状态	时间	备注
303400000400004000000001	产品 A	装箱	2012/11/20 13:26:58	
303400000400004000000002	产品 A	装箱	2012/11/20 13:26:58	
包装箱 EPC	307400000400004000000002			
产品 EPC	产品名称	状态	时间	备注
303400000400004000000003	产品 A	装箱	2012/11/20 13:29:58	
303400000400004000000004	产品 A	装箱	2012/11/20 13:29:58	
包装箱 EPC	307400000400004000000003			
产品 EPC	产品名称	状态	时间	备注
303400000400004000000005	产品 A	装箱	2012/11/20 13:36:58	
303400000400004000000006	产品 A	装箱	2012/11/20 13:36:58	
包装箱 EPC	307400000400004000000004			
产品 EPC	产品名称	状态	时间	备注
303400000400004000000007	产品 A	装箱	2012/11/20 13:56:58	
303400000400004000000008	产品 A	装箱	2012/11/20 13:56:58	
包装箱 EPC	307400000400004000000005			
产品 EPC	产品名称	状态	时间	备注
303400000400004000000009	产品 A	装箱	2012/11/20 14:01:58	
30340000040000400000000A	产品 A	装箱	2012/11/20 14:01:58	

完成装箱操作后，对包装箱进行装盘操作。一个托盘对应数个包装箱 ID，同时对托盘进行贴标操作。产品装托盘信息见表 6-4。

表 6-4　产品装托盘信息列表

托盘 EPC	315400000400000001		
包装箱 EPC	状态	时间	备注
307400000400004000000001	已装盘	2012/11/20 14:31:23	
307400000400004000000002	已装盘	2012/11/20 14:31:23	
307400000400004000000003	已装盘	2012/11/20 14:31:23	
307400000400004000000004	已装盘	2012/11/20 14:31:23	
307400000400004000000005	已装盘	2012/11/20 14:31:23	

装箱及装盘操作使得货物、包装箱和托盘三者之间的 ID 信息相互绑定，从而实现对商

品的可追溯管理。

在运输环节中，系统将以托盘为单位进行管理。运输部门收到配送单后，先进行运输准备，再根据配送单分配车辆、司机，完善配送单信息，将各个托盘 ID 与运输车辆 ID 以及司机编号等信息相互绑定，最后形成车辆 ID、司机编号以及车辆所载的货物绑定，确保商品在任一环节都可追溯。例如，商品 A 装箱、装盘操作完成后，进入装车操作环节，系统将产生装车信息。生成的装车信息见表 6-5。

表 6-5　装车信息表

车辆 EPC	C33B2DDD9006C09130227001			
司机 EPC	托盘 EPC	状态	时间	备注
AC33020009123D0927060001	315400000400000001	已装车	2012/11/20 15:41:13	
AC33020009123D0927060001	315400000400000002	已装车	2012/11/20 15:41:13	
AC33020009123D0927060001	315400000400000003	已装车	2012/11/20 15:41:13	
AC33020009123D0927060001	315400000400000004	已装车	2012/11/20 15:41:13	
AC33020009123D0927060001	315400000400000005	已装车	2012/11/20 15:41:13	

完成货物装车操作之后，系统将根据订单内容生成相应的商品配送单。配送单上的信息包括载货车辆 EPC、订货商等。例如，产品 A 完成装车操作之后将生成相应的配送单信息，见表 6-6。

表 6-6　配送单信息表

配　送　单			
配送单编码	C0000TUSAZAL0001	车辆编码	C33B2DDD9006C09130227001
司机编码	AC33020009123D0927060001	产品名称	产品 A
订货商	××超市	发货地址	××路××号
发货商	配送中心	发货时间	2012/11/20 17:21:53
运输路线	北京区域	发车时限	24 小时内发车
达到时限	2012/11/21 12:00:00	时间	2012/11/20 17:21:53
备注			

整个流程环节中，信息流和物流是相互支撑、相互协同的，以确保整个供应链的空间和时间利用的最大化，达到智能配送的目的。

2．智能运输子系统流程分析

（1）关键技术原理。智能运输子系统在车辆上安装移动 GPS 终端，利用 GPS 定位技术以及 Web GIS 技术实现对车辆的定位跟踪，同时利用 GPRS 技术、RFID 技术以及 Zigbee 技术将车辆的位置信息、车辆 EPC 信息、车辆状态数据等传递至远程后台服务中心，就能够对车辆的位置信息、车载货物信息以及车辆状态信息进行实时监管与控制。智能运输子系统主要包括车辆位置监控系统以及车辆状态监控系统两部分，其功能分别是车辆定位追踪以及车辆状态监控。

（2）业务操作流程。货物装车操作完成之后，进入货物运输阶段。在途车辆通过车载 GPS 定位系统实现车辆的位置监控。车载终端在一定的时间间隔内向远程后台服务中心发送车辆的位置坐标。服务中心根据车辆坐标位置的变化绘制车辆运动轨迹，对车辆的行进路线进行监控与管理。在车辆状态监控操作上，车载的各类传感器实时检测环境信息，如温度、湿度、行车速度及胎压等信息，若出现异常则触发警报，提醒司机及时处理异常，并将异常数据发送至服务中心备案，如图 6-14 所示。

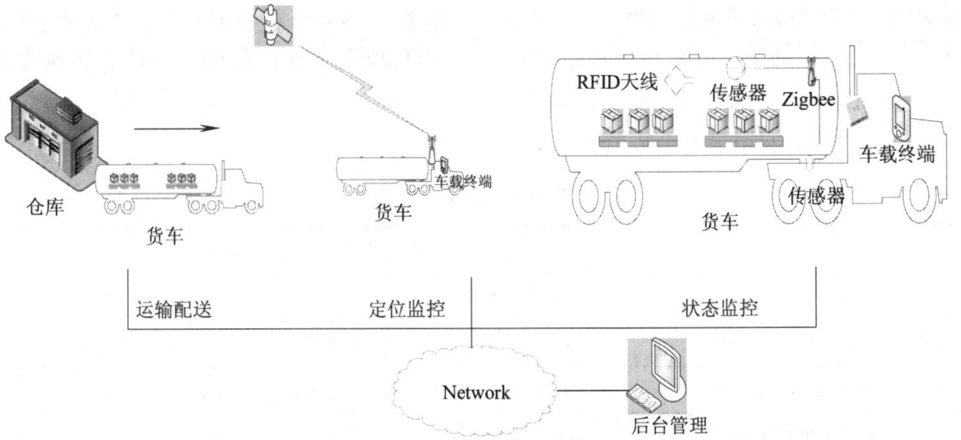

图 6-14　智能运输系统业务流程

车辆从仓库完成装货操作后，进入货物运输阶段。经过配送准备阶段的数据处理，即人、车、货编码相互绑定，可以实现在运输的过程中按照车辆的 EPC 查询到车载的所有商品的信息，便于商品的追溯管理。在途车辆通过车载 GPS 终端实现车辆的在途监控，在 GPS 终端上可以显示车辆当前的位置信息，如图 6-15 所示。

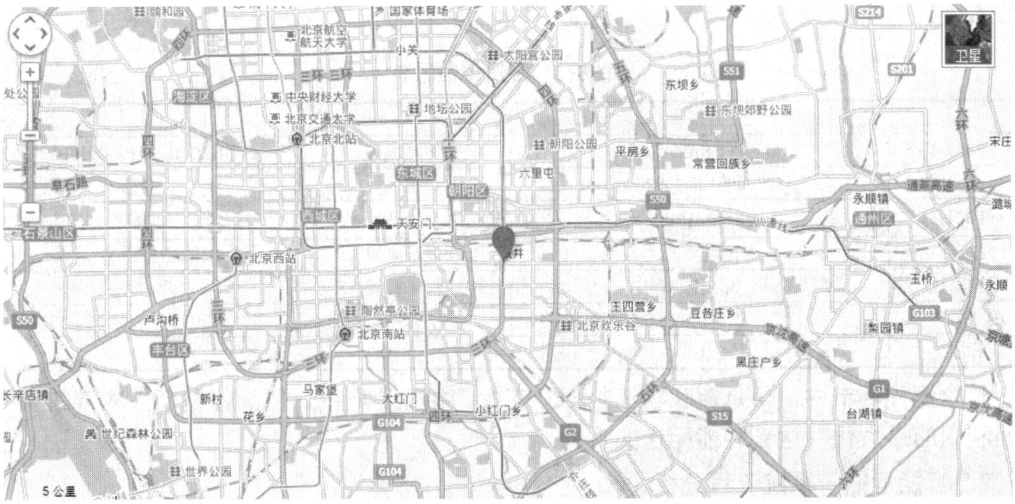

图 6-15　车辆位置信息示意图

车载 GPS 终端将车辆的位置信息传送到远程后台服务中心，产生一条位置信息数据，车辆位置信息见表 6-7。

表 6-7　车辆位置信息表

车辆 EPC	经　度	纬　度	时　间	车 辆 状 态	备　注
C33B2DDD9006C09130227001	39° 9′N	116° 3′E	2012/11/21 08:11:23	正常	
C33B2DDD9006C09130227001	39° 8′N	116° 4′E	2012/11/21 07:11:23	正常	
C33B2DDD9006C09130227001	39° 6′N	116° 6′E	2012/11/21 06:11:23	正常	
C33B2DDD9006C09130227001	38° 9′N	116° 8′E	2012/11/21 05:11:23	正常	
C33B2DDD9006C09130227001	38° 9′N	116° 9′E	2012/11/21 04:11:23	正常	

车载 GPS 终端既可以作为路线导航使用，也可以将车辆位置数据发送至远程后台服务中心。服务中心根据车辆运动的定位点绘制车辆运行路径，如图 6-16 所示。

图 6-16　车辆路径信息示意图

车辆运行途中，车上安装的各类传感器将实时监控车辆的运行状态，如车厢的温度、湿度，车速以及轮胎压力值等。表 6-8 中显示的是车辆“京 A CA1123”在运行过程中产生的车辆状态信息。

表 6-8　车辆状态信息表

车辆 EPC	C33B2DDD9006C09130227001			车牌号	京 A CA1123	
车厢温度/℃	车厢湿度（%）	车速/（km/h）	胎压/KPa	状态	时　间	备　注
26	57	30	321	正常	2012/11/21 08:11:23	
26	57	80	321	正常	2012/11/21 07:11:23	
26	57	80	321	正常	2012/11/21 06:11:23	
31	57	80	321	温度过高	2012/11/21 05:11:23	
26	57	120	321	超速	2012/11/21 04:11:23	

以上车辆状态信息将通过 Zigbee 传输至车载终端并实时显示状态变化，使得司机能够实时掌握车辆的状态信息。若车辆状态数据发生异常，车载终端会将数据发送至远程网络服务中心，并记录异常状态。

运输车辆将货物送达订货商所在地之后，订货商接收所订商品，产生一笔签收单记录，表明货物已运达。例如，产品 A 运达，订货商接收货物，产生签收记录和配送签收信息，见表 6-9。

表 6-9　配送签收信息表

配送单编号	托盘 EPC	时　间	状　态	备　注
0DDEC00DDSAXW0001	315400000400000001	2012/11/21 10:43:23	已签收	
0DDEC00DDSAXW0001	315400000400000002	2012/11/21 11:43:23	拒签收	产品数量短缺
0DDEC00DDSAXW0001	315400000400000003	2012/11/21 12:43:23	已签收	
0DDEC00DDSAXW0001	315400000400000004	2012/11/21 13:43:23	已签收	
0DDEC00DDSAXW0001	315400000400000005	2012/11/21 14:43:23	未签收	

至此，该笔配送运输服务完成。

6.3 智能配送与智能运输子系统实训内容

6.3.1 产品包装绑定实验

一、实验目的

1．了解配送作业中包装环节的业务流程。

2．了解产品包装及标签绑定的基本原理。

3．掌握使用 RFID 技术完成标签绑定。

二、实验内容

1．读取待配送产品 EPC，确认配送产品。

2．生成包装箱 EPC，将产品 EPC 与包装箱 EPC 进行绑定操作。

3．装箱、封箱操作。

三、实验器材

1．带有 USB 接口的计算机一台，软件环境为 Windows 8、Windows 7 或 Windows XP 操作系统。

2．RFID 读写器。

3．超高频 RFID 标签。

4．智能配送与智能运输软件平台。

四、实验步骤

1．使用软件平台生成包装箱 EPC，完成包装箱的贴标操作。

2．使用 RFID 读写器读取包装箱 EPC，读取成功后依次读取待配送产品 EPC，完成产品与包装箱的 EPC 绑定过程，如图 6-17 所示。

图 6-17 装箱管理界面

3．完成包装箱 EPC 与产品 EPC 的绑定操作，结果如图 6-18 所示。

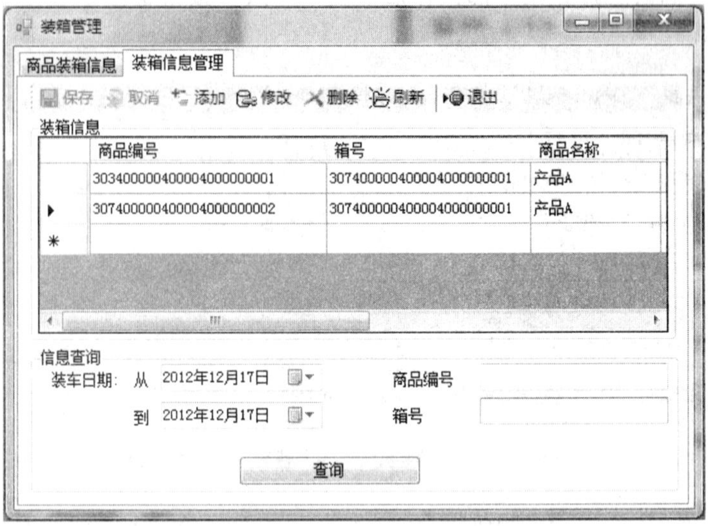

图 6-18 装箱信息管理

6.3.2 产品装车绑定实验

一、实验目的

1. 了解配送作业中装车环节的业务流程。
2. 了解产品装车过程中标签绑定的基本原理。
3. 掌握使用 RFID 技术完成标签绑定。

二、实验内容

1. 读取包装好的包装箱 EPC。
2. 将包装箱 EPC 与车辆 EPC 进行绑定操作。
3. 完成装车操作。

三、实验器材

1. 内嵌 RFID 读写器的手持终端。
2. 智能配送与智能运输软件平台。

四、实验步骤

1. 启动智能物流系统软件，在“包装管理”下单击“绑定装车”按钮，然后在弹出的“装车绑定”界面的左侧栏中单击“读取”按钮，再使用手持终端读取需要装车的包装箱 EPC，这时出现装车包装箱的详细信息。

2. 在读取车辆 EPC 信息栏中单击“读取”按钮，利用手持终端读取车辆 EPC，读取成功后“读取”按钮将变为不可用，需在装车完毕单击“重置”按钮后才可再次进行读取操作。

3. 以上两步读取成功后，单击“绑定操作”信息栏中的“绑定装车”按钮，提示成功后可实现包装箱信息与车辆信息的绑定。单击“查看装车信息”按钮可查看已经绑定的包装箱信息和车辆信息，完成全部操作后单击“完成”按钮退出。“装车绑定”操作界面如图 6-19 所示。

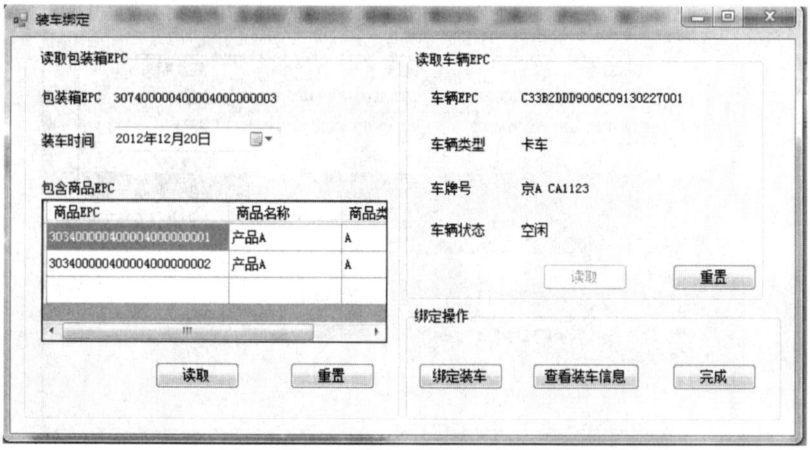

图 6-19　装车绑定

6.3.3　司机绑定配送实验

一、实验目的

1．了解配送环节业务流程以及配送单的内容组成。

2．了解司机与车辆绑定的基本原理，以及配送单的产生过程。

3．掌握使用 RFID 技术完成标签绑定。

二、实验内容

1．利用手持设备识别车辆 EPC 及司机 EPC。

2．将车辆 EPC 与司机 EPC 进行绑定操作。

3．生成详细配送单。

三、实验器材

1．内嵌 RFID 读写器的手持终端。

2．智能配送与智能运输软件平台。

四、实验步骤

1．单击“配送管理”按钮，在下拉菜单中选择“生成配送单”按钮，弹出“生成配送单”界面，单击车辆详细信息栏中的“读取”按钮，使用手持终端读取车辆 EPC，读取的信息将显示在车辆详细信息栏中。

2．单击司机详细信息栏中的“读取”按钮，使用手持终端读取司机 EPC，读到的信息会显示在司机详细信息栏中。

3．单击“生成配送单”信息栏中的“生成配送单”按钮，系统会根据读取的车辆和司机 EPC 信息生成部分配送单信息，“发货时间”和“达到时限”需要单独输入，时间确定后便生成配送单，如图 6-20 所示。

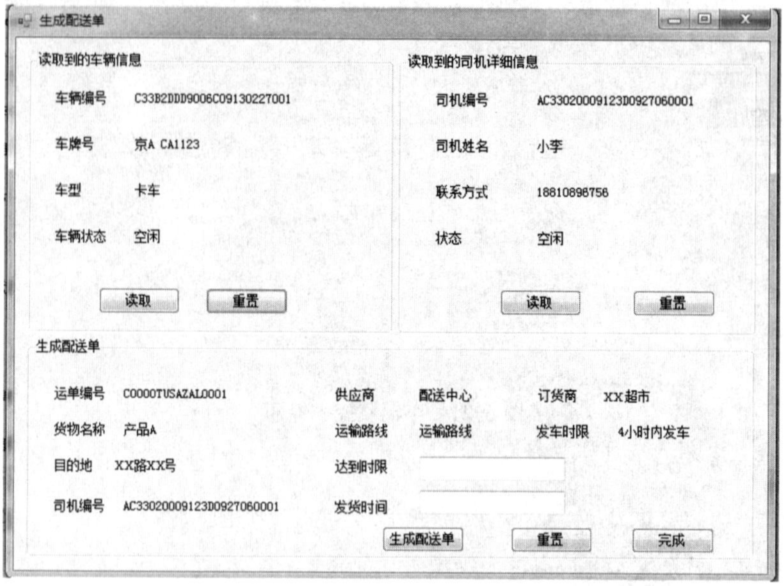

图 6-20　生成配送单

6.3.4　车辆位置监控实验

一、实验目的

1．了解车辆定位系统的原理。

2．掌握使用软件平台实现对车辆位置的监控。

3．了解实时车辆监控的管理方法。

二、实验内容

1．使用平台系统采集车辆位置信息。

2．在 WebGIS 上显示车辆的实时位置及周边地理环境信息。

3．监控在途车辆及司机信息。

三、实验器材

1．内嵌 GPRS 设备的车辆终端（GPS）。

2．智能配送与智能运输软件平台。

四、实验步骤

1．启动车载终端开关和智能物流系统，单击“车辆监控”按钮，弹出“WebGIS 车辆监控系统”界面（如图 6-21 所示）。在车辆监控菜单中单击“选择车辆”按钮，选择要监控的车辆（如图 6-22 所示）。

2．通过车载终端，获得车辆坐标信息，并向系统平台发送相应的车辆坐标信息，然后在 GIS 地图上显示车辆当前的位置及地理环境信息。

3．查看车辆运行轨迹，如图 6-23 所示。

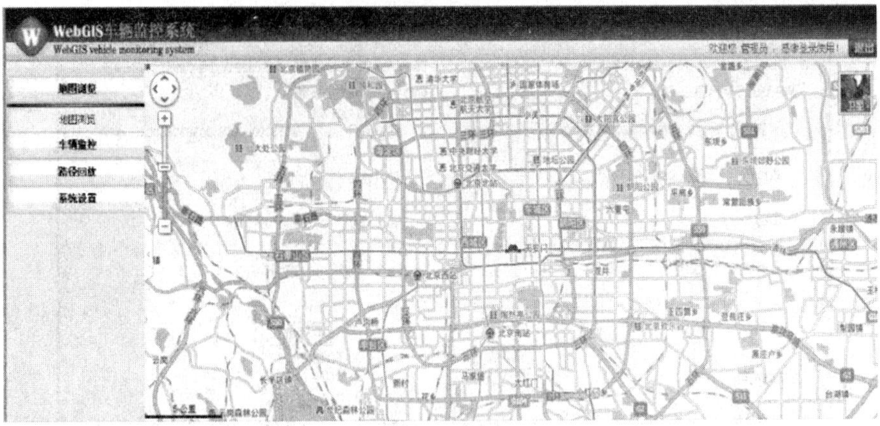

图 6-21　车辆监控主界面

图 6-22　车辆管理界面

图 6-23　车辆运行轨迹界面

6.3.5　在途商品监控实验

一、实验目的

1. 了解在途商品监控的原理与方法。
2. 学会对运输过程中的商品进行实时监控与管理。
3. 加深对智能物流系统全程化管理思想的认识。

二、实验内容

1. 使用智能配送与智能运输系统实时监控车辆的位置信息。
2. 利用商品 EPC 查询该商品当前的位置。
3. 查询该商品对应的运输车辆信息以及司机信息。

三、实验器材

1. 内嵌通信功能的 GPS 定位车载终端。
2. 智能配送与智能运输软件平台。

四、实验步骤

1. 启动车载终端。

2. 在搜索框中输入需要查询的商品 EPC，单击“查询”按钮。系统通过车载终端获取车辆坐标信息，并向系统平台发送相应的车辆坐标信息，然后在 GIS 地图上显示车辆当前的位置及地理环境信息。

单击商品编号，即可查看相应车辆的状态信息。

3. 在搜索框中输入需要查询的商品 EPC，调出 GIS 地图，即可查看商品运行轨迹等状态信息。

6.3.6　车辆状态监控实验

一、实验目的

1. 了解 Zigbee 无线传输协议及使用方法。
2. 了解在途车辆实时环境监控的原理与方法。
3. 熟悉商品全程监控的思想。

二、实验内容

1. 利用 Zigbee 技术传输车辆环境信息，实现对车辆状态的实时监控。
2. 通过 GPRS 将数据信息传输至后台管理。
3. 商品在途的实时环境信息的监控与管理。

三、实验器材

1. 车载终端设备。
2. 内嵌有各类传感器的 Zigbee 节点。
3. GPRS 无线传输设备。

四、实验步骤

1．打开车载终端电源以及各传感器节点的控制开关，对车辆环境信息进行实时监控。

2．接收车辆各类环境信息，并显示在车载终端显示器上，如图 6-24 所示。

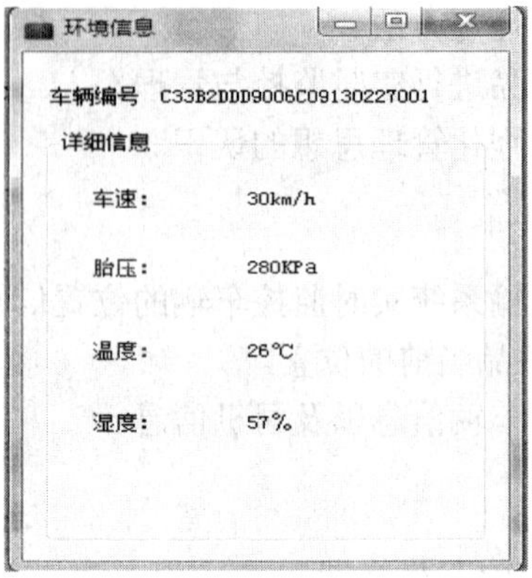

图 6-24　车辆“环境信息”界面

3．环境警报限值的设定，若环境信息数据超出警报界限将触发警报。

4．后台管理系统实时监控车辆环境信息，在地图上监控车辆的运行状态。单击即可查询车辆的实时状态。

6.4　思考题

1．配送的各个环节都运用了哪些物联网技术？

2．智能配送系统可以提供哪些智能化决策支持？

3．在使用网络购物或邮寄信件时，你是否使用过货物跟踪与定位功能？经过本章的学习，请思考这些功能是如何实现的。

4．调研国内外智能运输系统的发展现状与趋势。

第 7 章 智能超市后台管理实训子系统

7.1 智能超市后台管理实训子系统概述

7.1.1 智能超市后台管理子系统的基本概念

超市后台管理主要是通过对超市在销售、库存、供应商和客户以及售后服务中的顾客退货管理这一系列要素进行汇总和评估，同时对超市前台经营进行反馈，帮助超市经营管理者能够实时地获取超市各个部分的经营状况，以及时发现问题，为问题的解决获取到第一手的资料，方便对超市的经营进行下一步的调整与改进。通过前后台的相互反馈和调整优化，促进整个企业的健康可持续发展。

传统的超市后台管理系统存在着数据获取困难、信息误差大、数据更新慢等问题，导致系统不能真实反映超市的实际经营情况。随着物联网技术的成熟与成本的不断降低，使得物联网技术在超市后台管理中得以广泛应用。与传统的超市后台管理相比，基于物联网技术的智能超市后台管理实训系统提高了统计数据读取的效率，使得信息反馈更加及时，提高供货商对消费终端的反应时效，使得企业在库存管理、销售管理、物流配送等方面提高效率，降低超市成本，倡导了以顾客体验为核心的购物理念。智能超市后台销售系统与前台进行信息交换，相互配合，共同完成整体智能超市管理功能。

7.1.2 智能超市后台案例

据估计，通过应用 RFID 技术，沃尔玛每年可以节省 83.5 亿美元，其中大部分是因为不需要人工查看进货的条码而节省下来的人力成本。价格是影响 RFID 应用最主要的问题之一。这是因为使用 RFID 技术，就要给超市的每件商品贴上电子标签，从而产生了一定的人力与物力成本。但 RFID 技术带来的好处也非常明显，因而国内外众多企业也逐渐引进了这一技术。

1. 麦德龙集团的未来商店计划

麦德龙集团（Metro Group）在全球三十个国家经营着百货商店、超级市场和杂货店。店铺主要分布欧洲和亚洲。2002 年，该集团公布了其“未来商店计划”。集团拥有五十多个合作伙伴，合作开发和测试新技术在零售供应链各方面的应用。从 RFID 试验结果的对比中，麦德龙集团惊喜地发现，仓库劳动量减少了 14%，库存状况提高了 11%，货物损失减少了 18%。这促使麦德龙集团决定将实验阶段取得的成果推广到其他领域。“因为 RFID 的应用，我们的日常工作已取得了实质性的提高。正如期望的那样，仓库和商店里的收货作业过程明显加速，交货过程中耗费的时间明显减少。”麦德龙集团首席信息官载格芒•米尔多夫（Zygmunt Mierdorf）说，“RFID 帮助我们识别和清除操作过程中的薄弱环节，对仓库里货物上架工作也有积极的影响。总之，操作更有效率，断货情形不复存在。”

RFID 有助于解决零售业两个最大的难题，即物品脱销和损耗（因盗窃或供应链被搅乱而损失的产品）。大多数零售企业还没有形成一个完善的、规范化运作的经营管理体制。统一采购、集中配送率远未达到规定标准。配送的不规范使规模效益很难发挥出来，存在有很大改善和提高的余地。

2．墨西哥连锁百货商店的 RFID 贴标计划

拥有 76 家店面的墨西哥连锁百货商店 Liverpool 从 2007 年底推出 RFID 贴标计划以来，2 300 多家供应商将贴标的产品源源不断地运往 Liverpool 各个主要分销中心，大多数供应商都是租用 Liverpool 的可重复使用物流设备把产品运到分销中心。利用 60 万个租用的物流设备上的 RFID 标签，Liverpool 能够迅速地实施 RFID 计划，而无需供应商在业务流程中做任何改变，也无需供应商投资 RFID 技术。

墨西哥 Digilogics 公司作为 UPM 在墨西哥的标签封装合作商，将嵌体嵌入到标签里，并采用斑马技术公司推出的 RZ400　RFID 打印机将货运集装箱的编码（SSCC）编入到每个标签 RFID 芯片上，并在标签上以条码的形式打印相同的编码。而 GrupoHasar 作为该计划的 RFID 系统集成商，选择所需的 RFID 硬件并帮助 Liverpool 设计和部署这一系统。GrupoHasar 还为其提供发送货运数据（从 RFID 阅读器发送货运数据到 Liverpool 的仓库管理软件）的中间件。

在发送货物之前，供应商将会扫描每个箱子标签上的条码，然后将箱子放到一个货盘上，一旦托盘完全装满，将会把另外一个 RFID 标签贴于货盘上。该标签的编码和货盘上所有箱子的编码相互对应。

供应商将发货通知上所有的信息传给 Liverpool，然后 Liverpool 使用它来确认实际到货的信息。分销中心的员工拆开每个到达的货盘，使用手持阅读器收集每个箱子的 RFID 标签上的 SSCC。一旦某个货盘被拆开，该软件会将这些序列号与发货通知中的信息作比较，以确保每个货盘都已到位并装载着正确的货物。

这些箱子被放置于传送带上，经过某一通道时，一台 RFID 阅读器与一根安装在通道上的天线相连，获取其标签上的序列号之后，由机械臂直接把每个箱子送到包装区。在那里箱子可以被放到一个货盘上和其他的材料一起送到同一家零售商店。

Liverpool 和西班牙 Mecalux 公司一起开发了仓库自动化系统。RFID 硬件和传送带上可编程的逻辑控制器相连，当货盘包装好了准备要送到某个零售商店时，叉车驾驶员将每个货盘移经一个通道，然后一台阅读器便创建一个读取区域。阅读器收集所有箱子的标签信息，并把箱子的标签信息和货盘的标签信息对应起来作为最后的确认，最后货盘被卡车运往零售商店。

由于 Liverpool 的供应商运来的货物贴上了 RFID 标签，就能够验证从分销中心发送到 Liverpool 商店的每批货物。错运的商品比例已从 0.4%降至 0.2%。据称，货物贴标以后实现了 99%的库存准确率，并且比起手工清点库存可节约 89%的时间。

7.2 智能超市后台管理实训子系统原理与流程分析

7.2.1 智能超市后台实训子系统功能及关键技术原理

基于物联网技术的智能超市后台管理实训子系统能够模拟智能超市后台管理的全部流程，包括商品接收、商品入库、商品在库盘点、商品在库监控、商品上架等操作。智能超市后台系统中的每件商品都贴有 RFID 标签。每个标签都写有唯一标识该商品的 EPC 编码，并与超市后台注册的商品信息相关联。标签内存储的信息包括供应商、价格等。当标签进入读写器的识别范围内，标签马上就能被激活，商品所有的信息都能被读写器获取，然后上传至服务器。读写器内部采用防碰撞算法，能同时识别多个标签，并且无遗漏。超市后台中的货架都是装有 RFID 读写器的智能货架，能够自动感知货物，对货架上的商品进行盘点，并实时与服务器交换数据。超市后台仓库的出入口也都装有 RFID 读写器，能够对出入库的商品进行监控。

在实际的运作中，更常用的方式是通过条码技术与 RFID 技术结合使用，甚至为降低成本在超市销售过程使用条码技术而不使用 RFID 技术。一般情况下，在商品拆箱的过程中，超市后台系统通过以下几种方式来完成拆箱操作：使用条码技术与 RFID 技术结合方式拆箱，将单个商品标识的 RFID 标签的编码转化为普通的一维条码或者二维码，再对商品进行条码打印操作，此时是否继续使用 RFID 标签由企业根据自身情况而定。完成条码打印的商品，经过读取设备进行数据录入（若保留 RFID 标签，则可使用 RFID 设备）。根据实际情况综合运用多种技术，可以有效降低实际运作的成本，例如 RFID 标签可回收利用，条码打印成本较低。

产品的电子标签和条码标签信息必要时可以进行相互转换：首先利用标签读取器读取商品上的标签信息，然后将标签信息输入到计算机，计算机从已读信息中提取商品属性码，并将其转换成相对应的标签属性码，最后计算机将新的商品属性码传送给第二种标签的识别器，生成对应的标签。电子标签和条码标签信息转换所用的系统由条码标签读取器、条码打印机、电子标签读写器和计算机组成。条码标签读取器、条码打印机和电子标签读写器分别与计算机或微处理器连接。这种系统投资少，用户可以最大限度地利用已有的条码标签应用系统，高效快捷地实现条码标签与电子标签的信息互换、相互生成和相互核对，如图 7-1 所示。

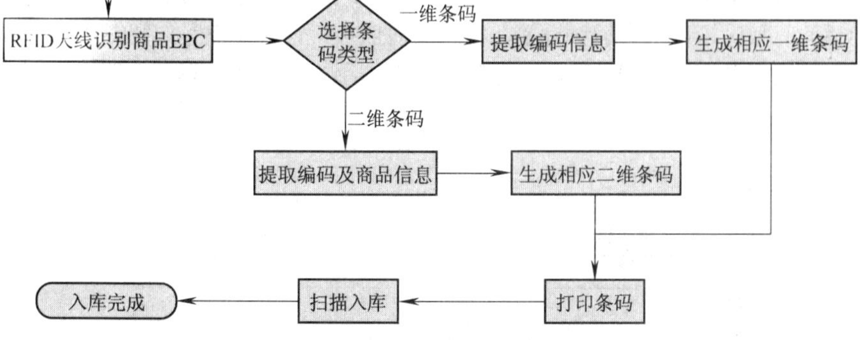

图 7-1　RFID 编码转化为条码流程图

在物流环节使用 RFID 技术，在零售环节仍然应用传统条码技术的方案不仅可以有效地降低运营成本，同时也消除了实施过程的困难。在具体操作过程中，RFID 天线读取商品包装箱 EPC，依系统规则抽取商品的厂商识别代码与对象分类码，再按照条码生成机制产生一条新的条码，并通过条码打印机将条码打印在商品外包装上。商品入库时，便可以通过条码识别设备进行商品的数据录入，在数据库内将商品包装箱 EPC 与条码编码进行绑定，使得读取的条码信息能够准确地指向对应的 EPC 编码，实现零售环节，同样可以通过价格低廉的条码实现对上游环节的追溯。图 7-2 和图 7-3 中展示的是由 EPC 编码转化为 EAN13 编码，EPC 可以兼容现行的 GTIN 编码体系，实现 EPC 与 GTIN 的转换。转换后条码只包含厂商识别代码和对象分类码，不包含唯一标识产品的序列号。

图 7-2　条码示意图

图 7-3　二维码示意图

随着个人移动终端的发展，利用条码技术（特别是二维码）进行营销的策略优势逐渐显现，人们可以十分方便地通过智能手机的应用程序随时对商品二维码进行读取与识别，查看产品的信息参数，能够更好地体现现代智能超市的先进性，为客户提供更好的消费体验。

1．RFID 智能出入库管理系统

RFID 智能出入库管理系统的实现意图和实现逻辑几乎和传统的入库员手工操作一样，只不过结合了 RFID 标签、RFID 读写器、自动控制、计算机、网络等先进的技术和设备，完成与 RFID 技术在货物出入库管理的有效结合，目的在于能够提供更加方便、更加灵活、更加高效、功能更加强大的仓库管理手段。

在入库之前将货物包装与 RFID 标签绑定，入库过程中 RFID 标签与 RFID 读写器之间通过射频信号进行信息交换。读写器与主控系统通过网络进行信息交换。主控系统给货物分配一个唯一的身份标识，实现在本仓库系统内进行追溯货物的目的。整个货物在仓库内的流通过程中货物的信息都通过 RFID 标签和读写器与主控制系统进行实时传输。

2．超市后台智能货架系统

超市后台智能货架系统主要用于重要物资的自动化与透明化管理，配备 RFID 天线与读写器，能够扫描到货架有效区域内所有射频标签，实现实时监控、定时盘点等。智能货架一般使用一个读写器带多个复用器及多个天线技术，一般四层货架使用 4 根天线，其具体架构如图 7-4 所示。

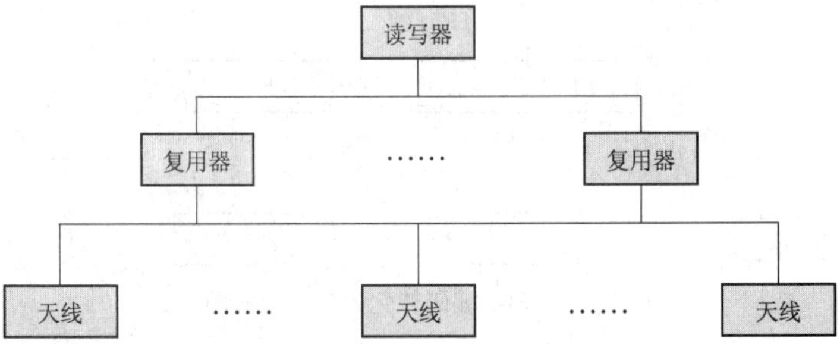

图 7-4　RFID 智能货架天线示意图

天线向下扫描，识别货物上所贴的标签，然后经过复用器、读写器解析，发送信息到上位系统。RFID 智能货架的原理及实物如图 7-5 所示。

图 7-5　RFID 智能货架

7.2.2　智能超市后台管理实训子系统流程分析

智能超市后台管理实训子系统模拟了超市后台管理活动的各个工序，实现了对商品实时监控与智能化管理，体现了物联网技术在超市后台管理中的应用。超市后台管理过程主要包括货物拆箱上架、超市后台订货、货物签收、货物入库、货物在库盘点等内容。

在货物到达后，超市后台管理员将对货物信息进行审核。审核内容包括配送单 EPC、车辆 EPC、司机 EPC。以上信息与系统相匹配成功后，再对货物信息进行比对，确定数量是否有缺失，质量是否合格。审核通过后，将货物放在货物暂存区，显示货物签收成功，同时配送状态变为已签收。在签收过程中，采用一体式 RFID 读写器进行数据的读取，保证了信息的准确性。例如， EPC 为 P0001 的配送单到达后，超市管理员将从系统中加载配送单信息表，然后，对配送单 EPC、车辆 EPC、司机 EPC 进行匹配。配送单信息，见表 7-1。

表 7-1　配送单信息表

配送单 EPC	车辆 EPC	司机 EPC	状　态	到 达 时 间
Box-00DDEC00DDSAXW0000001	C33B2DDD9006C09130227	CD33020009123D09270666	到达	2012/11/16 11:23:48
Box-00DDEC00DDSAXW0000002	C33B2DDD9006C09130228	CD33020009123D09270668	在途	2012/11/16 11:23:48
Box-00DDEC00DDSAXW0000003	C33B2DDD9006C09130229	CD33020009123D09270669	在途	2012/11/16 11:23:48
Box-00DDEC00DDSAXW0000004	C33B2DDD9006C09130226	CD33020009123D09270662	在途	2012/11/16 11:23:48
Box-00DDEC00DDSAXW0000005	C33B2DDD9006C09130225	CD33020009123D09270661	在途	2012/11/16 11:23:48

在匹配过程中，超市管理员使用加载有配送单信息表的 PDA 读写器读取配送单 EPC、车辆 EPC、司机 EPC。核对无误后，系统自动加载货物装箱列表，见表 7-2。

表 7-2　货物装箱列表

装箱 EPC	产品名称	数　量	状　态	时　间	备　注
307400000400004000000001	产品 A	2	合格	2012/11/16 11:23:48	
307400000400004000000002	产品 A	2	合格	2012/11/16 11:23:48	
307400000400004000000003	产品 A	2	合格	2012/11/16 11:23:48	
307400000400004000000004	产品 A	2	合格	2012/11/16 11:23:48	
307400000400004000000005	产品 A	2	合格	2012/11/16 11:23:48	

货物签收完成后，就可以对货物进行入库操作。入库过程中，以包装箱为单位，通过超市后台仓库的 RFID 智能出入库管理系统直接读取货物包装箱的 EPC，并同步产生记录，生成入库单信息，见表 7-3。

表 7-3　入库单信息表

商品名称	装箱 EPC	入库时间	仓库 ID	货架 ID	状　态	备　注
产品 A	307400000400004000000001	2012/11/16 11:23:48	WH001	WH001001	在库	
产品 A	307400000400004000000002	2012/11/16 11:23:48	WH001	WH001001	在库	
产品 A	307400000400004000000003	2012/11/16 11:23:48	WH001	WH001001	在库	
产品 A	307400000400004000000004	2012/11/16 11:23:48	WH001	WH001001	在库	
产品 A	307400000400004000000005	2012/11/16 11:23:48	WH001	WH001001	在库	

智能超市后台管理实训子系统采用基于 RFID 的智能货架对在库的商品进行盘点。在库盘点管理环节，首先要根据实际情况，制订相应的盘点计划，包括盘点时间和需要盘点货物的类别，生成盘点列表。智能货架上的读写器将读取到的货物信息与盘点列表中的信息进行比对，生成盘盈及盘亏情况，完成盘点报表。例如某次盘点结果见表 7-4。

表 7-4　盘点结果信息表

盘点序列号	商品名称	盘盈数量	盘亏数量	时　间	备　注
Pan12111601	产品 A	0	0	2012/11/16 11:23:48	
Pan12111602	产品 C	1	1	2012/11/16 11:22:48	
Pan12111603	产品 B	0	0	2012/11/16 11:21:48	
Pan12111604	产品 B	0	2	2012/11/16 11:23:45	
Pan12111605	产品 C	0	1	2012/11/16 11:22:48	

仓库监控是对仓库内的环境信息进行监控，对于不同的货架及产品的相关环境要求进行控制，保证仓库内的温度和湿度等环境状况处在一个合理的范围之内。环境监控管理需要借助智能环境监控系统对货物存储的温度和湿度环境和异常环境信息进行实时监控和预警，以保证货物存储时外界环境的适宜，同时对异常环境信息报警。比如烟雾浓度超过了预设值，系统会自动报警；仓储管理员根据预警信息查看仓库中有没有异常现象的发生，以便做到及时防护。针对不同商品的存储环境不同；系统设定不同的报警值。传感器实时获取环境信息，通过 Zigbee 组网进行数据通信。货架信息与 Zigbee ID 绑定，就能实现对不同区域的分别监控。在监控过程中，将产生超市仓储环境信息记录，见表 7-5。

表 7-5　超市仓储环境信息表

货架 ID	ZigbeeID	仓库 ID	湿度（%）	温度/℃	状　态	时　间	备　注
WH001001	Zid001	WH001	30	25	正常	2012/11/16 12:23:48	
WH001001	Zid001	WH001	30	29	温度过高	2012/11/16 11:23:48	
WH001002	Zid002	WH001	30	25	正常	2012/11/16 12:23:48	
WH001002	Zid002	WH001	30	25	正常	2012/11/16 11:23:48	
WH001003	Zid003	WH001	30	25	正常	2012/11/16 11:23:48	

当接到超市前台发出的信息后，超市后台根据补货通知单生成出库信息单，再根据库存情况执行出库操作。出库信息单见表 7-6。

表 7-6　出库信息单

出 库 单 号	订　单　号	产 品 名 称	数　量	时　间	备　注
Out-20121029175327	Order-20121029114428	产品 A	10	2012/11/20 11:23:48	
Out-20121029175328	Order-20121029114429	产品 B	10	2012/10/20 11:23:48	
Out-20121029175329	Order-20121029114430	产品 B	10	2012/10/20 11:23:48	
Out-20121029175330	Order-20121029114431	产品 C	10	2012/9/20 11:23:48	
Out-20121029175331	Order-20121029114432	产品 C	10	2012/9/20 11:23:48	

出库阶段，仓库部门需要对商品进行拆箱操作，并通过 RFID 读写器读取每个商品的编码信息，利用条码生成系统在单个产品包装外打印相应的条码信息，完成拆箱操作。此时，是否保留商品 RFID 标签，需依照实际情况而定。仓库部门根据出库单进行出库操作，使用出入库管理系统自动读取需要出库的产品（或使用 PDA 设备手动读取），同时记录产品出库的时间，生产产品出库信息，见表 7-7。

表 7-7　产品出库信息列表

出库单号						
仓库编号	库位	产品编码	产品名称	状态	时间	备注
001	A1	303400000400004000000001	产品 A	出库	2012/11/20 12:13:28	
001	A1	303400000400004000000002	产品 A	出库	2012/11/20 12:13:28	
001	A1	303400000400004000000003	产品 A	出库	2012/11/20 12:13:28	
001	A1	303400000400004000000004	产品 A	出库	2012/11/20 12:13:28	
001	A1	303400000400004000000005	产品 A	出库	2012/11/20 12:13:28	
001	A1	303400000400004000000006	产品 A	出库	2012/11/20 12:13:28	
001	A1	303400000400004000000007	产品 A	出库	2012/11/20 12:13:28	
001	A1	303400000400004000000008	产品 A	出库	2012/11/20 12:13:28	
001	A1	303400000400004000000009	产品 A	出库	2012/11/20 12:13:28	
001	A1	303400000400004000000010	产品 A	出库	2012/11/20 12:13:28	

当某商品低于安全库存时，系统则提示管理员进行订货操作。系统还会根据当前库存情况及商品销售情况对商品需求进行预测，供管理员参考。超市后台管理员根据系统的提示信息，向配送中心下订单。订单信息见表 7-8。

表 7-8　配送中心订单信息表

订单编号	产品名称	数　量	订货商	订单状态	订货时间	备　注
Order-20121029114456	产品 A	10	配送中心	已受理	2012/11/16 11:23:48	
Order-20121029114456	产品 B	10	配送中心	已受理	2012/11/16 11:23:48	
Order-20121029114456	产品 B	10	配送中心	已受理	2012/11/16 11:23:48	
Order-20121029114456	产品 C	10	配送中心	已受理	2012/11/16 11:23:48	
Order-20121029114456	产品 C	10	配送中心	已受理	2012/11/16 11:23:48	

7.3　智能超市后台实训内容

7.3.1　产品签收实验

一、实验目的

1. 掌握手持 RFID 设备的使用方法。
2. 掌握使用手持设备对 RFID 标签的读取方法。
3. 了解产品的签收业务流程。

二、实验内容

1. 使用 RFID 手持设备读取产品信息并与订单信息进行比对，完成物权的转移过程。
2. 通过智能化读取优化产品签收过程。

三、实验仪器

1. RFID 手持设备。
2. 贴有超高频 RFID 标签的商品。
3. 超市后台管理软件。

四、实验步骤

1. 启动产品超市后台管理软件，运行产品签收程序模块。

2. 单击加载订单及运单信息。此时系统会读取所有订单信息，然后选择将要签收的订单，如图 7-6 所示。

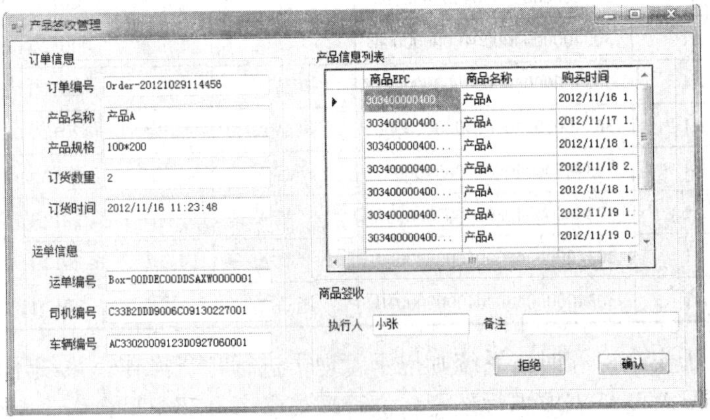

图 7-6　订单签收界面

3．用 PDA 读取商品的包装箱信息、运单编号、司机编号、车辆编号，如图 7-7 所示。

图 7-7　PDA 信息核对界面

4．匹配后单击“确认”按钮完成签收，即可生成产品接收信息记录，包括时间、接收人等信息，如图 7-8 所示。

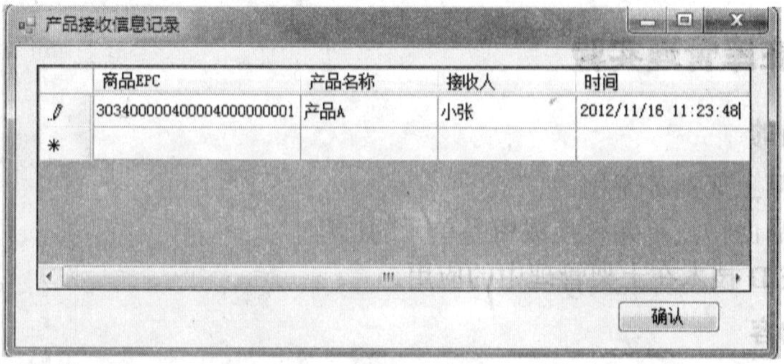

图 7-8　产品签收信息管理界面

5．如有信息不匹配，单击“拒绝”按钮。

7.3.2　产品入库实验

一、实验目的

1．了解产品入库的业务流程。

2．掌握 RFID 技术在智能出入库过程中的应用。

二、实验内容

1．根据收货单信息生成入库单信息。

2．根据入库单信息对产品执行入库操作。

三、实验器材

1．RFID 智能出入库管理系统。

2．贴有 RFID 标签的商品。

四、实验步骤

1．启动智能出入库管理系统，并运行智能仓储系统程序。

2．加载签收单信息，并生成入库单信息，如图 7-9 所示。

3．入库管理系统的 RFID 读取产品数据，并为其选择库位。

4．将产品放入指定的货位，生成入库信息，完成入库操作。

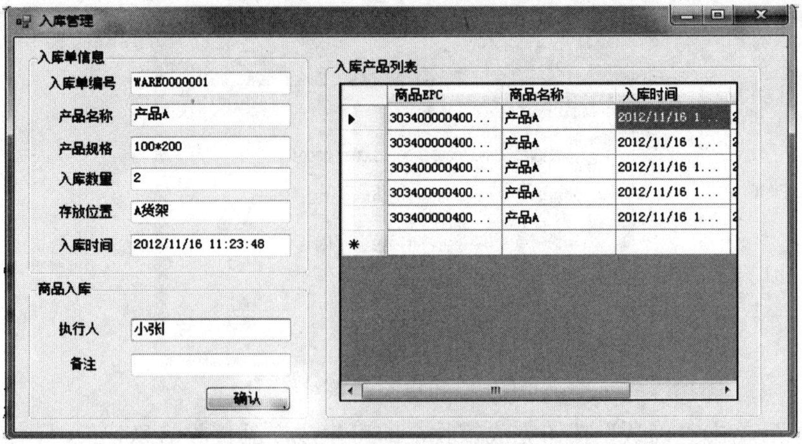

图 7-9　入库单信息管理界面

7.3.3　产品在库管理实验

一、实验目的

1．了解拆箱上架业务流程。

2．了解产品由物流单元转换成贸易单元的过程。

3．了解 RFID 技术在上架管理中的应用。

二、实验内容

根据超市前台的补货单完成超市前台商品的上架操作。

三、实验器材

1．PDA 读取设备。

2．贴有超高频 RFID 标签的产品。

四、实验步骤

1．打开超市后台管理系统中的商品在库管理模块，如图 7-10 所示。

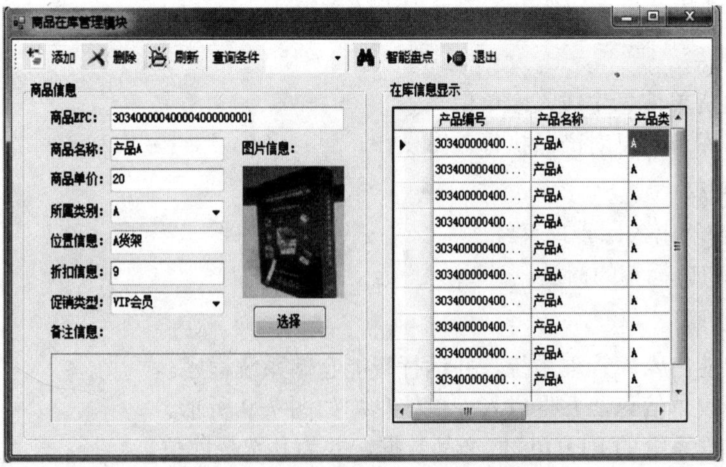

图 7-10　商品在库管理模块界面

2．双击指定产品，查看产品详细信息：产品名称、生产日期及入库日期等。

7.3.4　产品拆箱上架实验

一、实验目的

1．了解拆箱上架业务流程。

2．了解产品由物流单元转换成贸易单元的过程。

3．了解 RFID 技术在上架管理中的应用。

4．了解 RFID 编码与条码转化原理。

二、实验内容

根据超市前台的补货单完成超市前台商品的上架（本例中 RFID 与二维码同时使用）。

三、实验器材

1．PDA 读取设备。

2．贴有超高频 RFID 标签的产品。

四、实验步骤

1．启动超市后台管理系统，打开拆箱上架管理模块。

2．加载补货通知单。

3．选择拆箱产品，加入待拆箱列表，图 7-11 为拆箱操作。

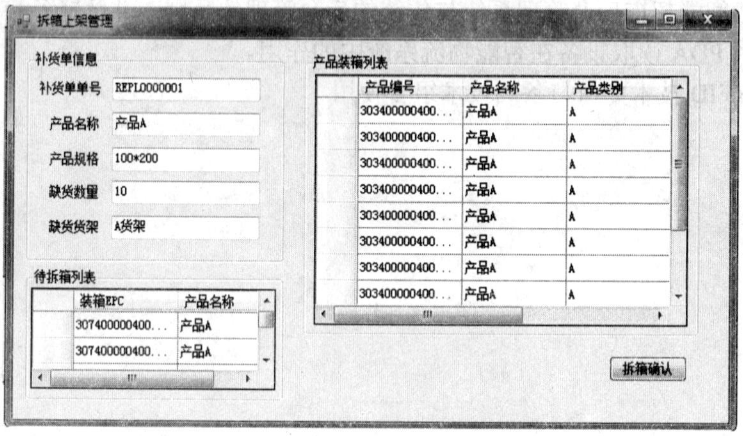

图 7-11　商品拆箱上架管理模块界面

4．用 PDA 设备读取商品信息，操作界面如图 7-12 所示。

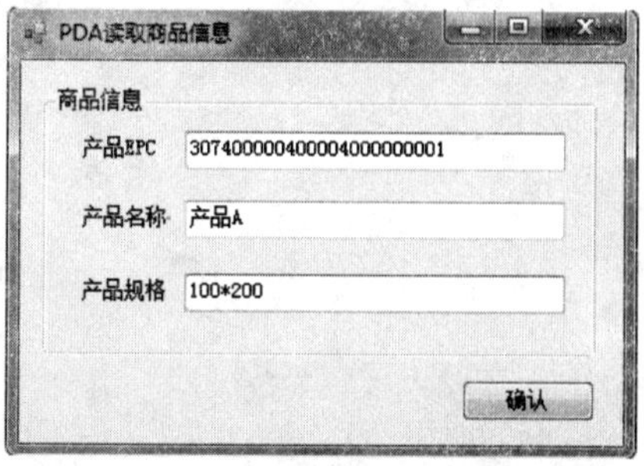

图 7-12　PDA 设备读取商品信息界面

5．单击“确认”按钮，完成拆箱操作。

6．打开商品上架模块，单击“读取”按钮，完成商品 EPC 信息读取，再单击“添加”按钮，图 7-13 为商品上架操作界面。

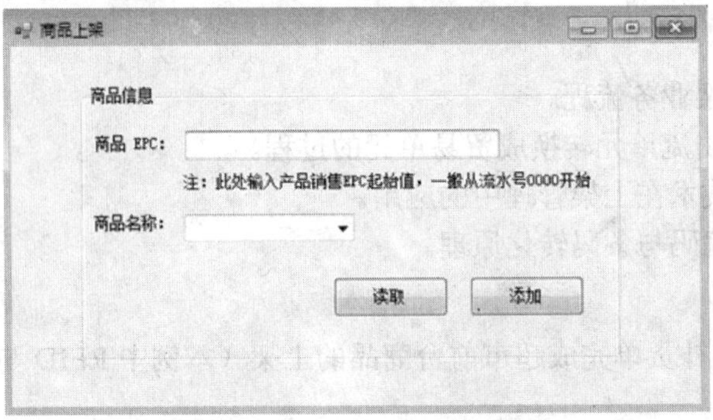

图 7-13　商品上架管理界面

7．选择“生成二维码”选项，产生相应二维码，并打印在产品外包装上。

7.4　思考题

1．超市后台管理在整个超市管理工作中有何作用？
2．请阐述智能超市后台管理系统与传统的后台管理的区别，并解释各自的工作原理。
3．试列举 PDA 读取设备在智能物流系统中的作用。
4．思考 RFID 技术如何与条码技术组合使用。

第 8 章 智能超市前台销售实训子系统

8.1 智能超市前台销售子系统概述

8.1.1 智能超市前台销售子系统的概念

智能超市前台销售子系统是融合 RFID 技术、计算机通信网络、数据库管理技术于一体的现代化超市经营管理工具，具有运转效率高、风险成本低、管理科学、服务先进、品质优良等优点。智能超市最大的特点是采用了 RFID 技术，无需人工对每件商品条码进行扫描，可以节约大量的人力和物力，提高效率，避免超市出口排长队。由于射频信号能够穿透衣服、箱包等遮蔽物，所以 RFID 技术可以防止超市商品被盗。当标签进入读写器的识别范围内，标签马上就能被激活，商品所有的信息都能被读写器获取，然后显示给顾客和工作人员。所以，同传统的超市销售系统相比，智能超市前台销售系统能够在库存管理、销售管理、物流配送等方面降低超市成本，提高供货商对消费终端的反应效率，改善客户体验，提升客户关系管理水平，真正将供应链转为以消费者需求为导向的运作模式，创造了一个以消费者为主导的新型关系。

8.1.2 智能超市前台案例

超市里的商品种类繁多，在寻找商品和排队付款上人们会花费大量时间。基于物联网技术的智能超市将为人们带来很大的便利。比如，想要买什么商品购物车会带你去，付款时不需要逐个刷商品条码，而是一次性读取所有商品。如此方便快捷的购物体验正在越来越多的超市中涌现。

1. 上海妇女百货商店实施 RFID 技术的 CRM 管理

上海妇女百货商店曾是中国最大的零售集团，也是国内首家实施 RFID 技术的 CRM 系统的商店。该商店 CRM 系统集结了众多先进技术，采用了一对一营销手段，根据顾客的特点进行细致顾客管理和销售业绩管理，突出 RFID 技术的时尚元素，以此吸引更多的新顾客。

上海妇女百货商店运用 RFID 技术进行客户关系管理分为三步走：第一阶段发展会员，收集会员的个人信息和消费偏好；第二阶段为导购提供会员的消费习惯等资料分析；第三阶段为企业经营提供信息，实现完全的主动式营销。在第三阶段的客户关系管理实施完成后，会员就能真正享受到优质和个性化的服务了。当系统感应到会员光临后，就会发送一条短信给顾客："欢迎光临！请到位于一楼的第×贵宾室，那里已经有专属的接待员等候为您服务。"顾客每一次的消费和喜好都会自动存入系统，还会有积分、赠送礼物等针对性服务。销售员在获取顾客来店信息时，屏幕上显示顾客资料，以便能根据顾客的个性进行精准营销。

该商店 RFID 的应用原理是向每个会员顾客发放一个手机链式的 RFID 标签，持有的会员在各个店铺的终端或者解码器上晃动一下标签，设备就可以读取到记录在 RFID 芯片中顾客的数据。该会员以往的购买记录、偏好等数据就能显示在店员的上位机上。店铺根据信息提示，会派出最适合该会员的导购员对其进行细致入微的接待。系统同时提供积分服务或者实行根据会员的购买情况享受相应的折扣等优惠。店铺管理人员可根据顾客购买数据进行会员的消费倾向分析。

上海妇女百货商店将 RFID 技术运用在客户关系管理上，在如今零售业激烈竞争引发的零售企业利润水平大幅下降的情况下，是对如何发展企业的差异化经营进行了积极有意义的尝试。

2. 新加坡超市引入智能购物车

新加坡超市引进采用无线 RFID 技术的智能购物手推车引发关注。消费者利用手推车前端的 LCD 显示屏，不仅可查询所有商品的价格、相关资料和摆放位置，而且还可以快速定位超市的特价商品。此外，顾客还能利用手推车的内置条码扫描器直接结账，不必等候收银员逐个扫描，省去长时间排队结账的麻烦。这种新智能手推车，使顾客能有一个全新的购物体验。

3. 男装店 Taracci 使用 RFID 收银技术

位于斯德哥尔摩郊区 Forum Nacka 购物中心的男装店 Taracci 是瑞典第一家采用 RFID 收银技术的零售商店。

顾客准备付款，只需将商品放在柜台上，柜台下方的 RFID 识读器就会自动读取两米内的 RFID 标签。工作人员只需帮助顾客将商品放入购物袋，按下收银机屏幕上的一个按钮，所有商品就结算完毕，等待顾客付款。

很多顾客都感到非常惊奇："你们怎么做到的？"

"我们的 RFID 收银系统让顾客付款比常规收银台快很多。我们希望提升客户服务效率，使工作更加简单高效。" Taracci 的合伙人 MatsTornard 说。

4. 巴宝莉（Burberry）在奢侈品销售中率先使用 RFID 技术

近日，巴宝莉（Burberry）在伦敦摄政街的新店正式揭幕。新店将为顾客提供尊贵的服务体验，并且还配置了未来主义的高科技屏显，每个楼层都有订制产品的信息显示，部分商品还带有芯片，可用 RFID 读取其中的影音内容。

当顾客拿着一件商品走进店内公共区域或试衣间里装备的屏幕时，马上就能看到这件商品的工艺说明、模特展示效果等信息。巴宝莉（Burberry）摄政街店的店员每人都配备了一台手持信息终端，用以记录和查阅顾客的购买历史和个人偏好，以提供更好的个性化购物体验。

除了售卖巴宝莉（Burberry）全系列男装、女装、儿童服装、鞋子和配饰之外，这间营业面积超过 4000 平方米的新店每周还将举办主题活动，推介音乐、电影、戏剧方面的年轻艺术人才。

8.2 智能超市前台销售实训子系统原理与流程分析

8.2.1 智能超市前台销售实训子系统关键技术原理

基于物联网技术的智能超市前台销售实训子系统能够模拟用户注册发卡、用户智能选取商品、用户自助结算、货架自动监控商品、自动提示补货等功能。在模拟实训中每件商品都贴有 RFID 标签，标签内存有商品的编码、价格等。一旦进入读写器的识别范围内，标签马上就能被激活，所有的商品信息都能被读写器获取，然后显示给顾客和工作人员。读写器内部采用防碰撞算法，能同时识别多个标签，并且无遗漏。超市货架都装有 RFID 读写器，能够智能感知货物，实时监控货物的种类、数量等情况，并实时与服务器交互数据。本系统主要由智能服务台、智能购物车、智能货架、智能结算通道以及后台服务器组成。智能超市的整体架构如图 8-1 所示。

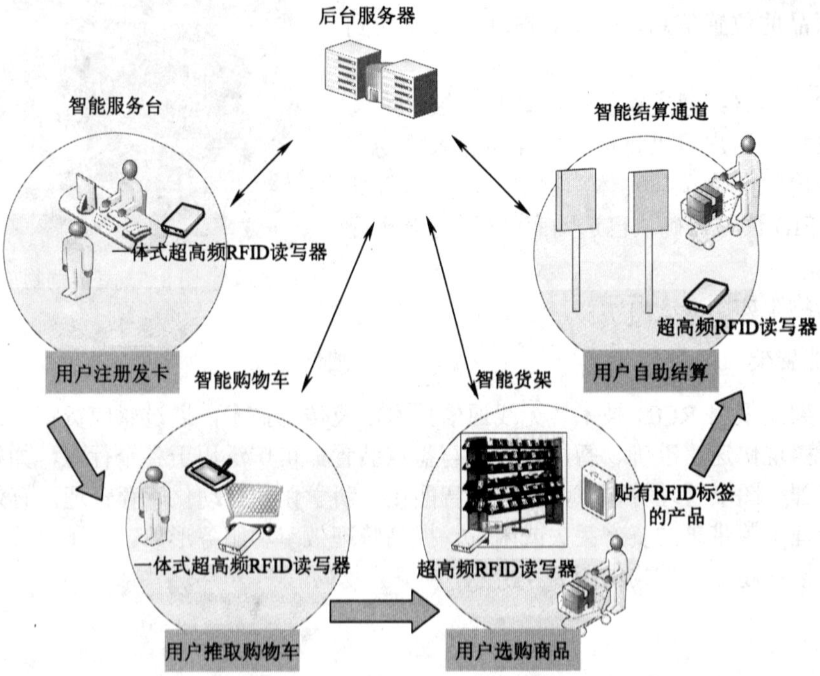

图 8-1　RFID 智能超市整体架构

1. 智能购物车

智能购物车是运用 RFID 技术原理，实现智能化超市的重要工具之一。智能购物车主要由购物车体和车上终端两部分组成。智能终端具有 RFID 识别、Wifi 数据传输、语音提示、高清多媒体播放等功能。智能购物车通过显示终端传递折扣信息；通过购物终端的 RFID 读卡器识别商品，查询商品具体信息。智能购物车系统结构原理如图 8-2 所示。

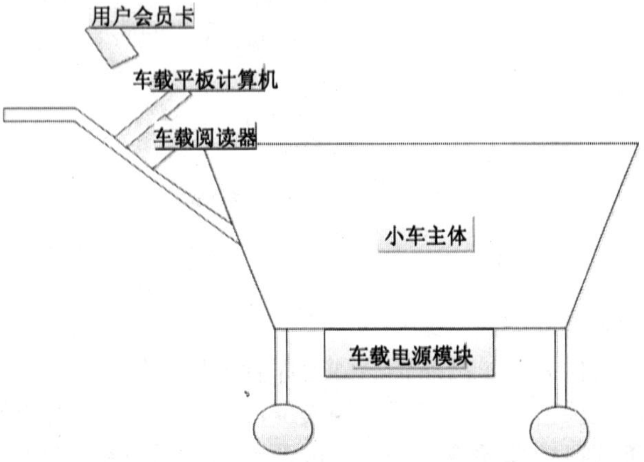

图 8-2　智能购物车系统结构原理图

（1）能够识别用户身份，可查询历史购物记录；可识别贴有 RFID 或条码标签的商品信息。

（2）信息查看：通过信息查询，能够获取商品的生产信息、配送信息、原材料信息等，同时也可以查看商品的打折促销信息等。

（3）商品位置导航：利用智能货架信息交互，能够获取商品的位置信息，使用导航功能快速找到想要的商品。

（4）快速结算：通过智能购物车上的 RFID 读写器或条码枪，用户可以将选购的商品加入购物车（包括网络虚拟购物车与实体购物车），在结算处经过门型 RFID 读写器确认已选购商品后，可以实现快速结算。

图 8-3　智能购物车

智能购物车如图 8-3 所示。

2. 智能货架

智能货架是采用 RFID 技术、无线通信技术以及传感技术，通过感应货物 RFID 标签，可以为用户实现快速、准确、智能化存储与盘点装置，可广泛用于各个行业，如资产管理、档案文件管理、图书管理等领域，以实现智能化、科学化和自动化库存管理，有效控制由于库存资产管理不善带来的资产丢失或闲置，提高管理效率和服务形象。

智能货架（超市）结构如图 8-4 所示。

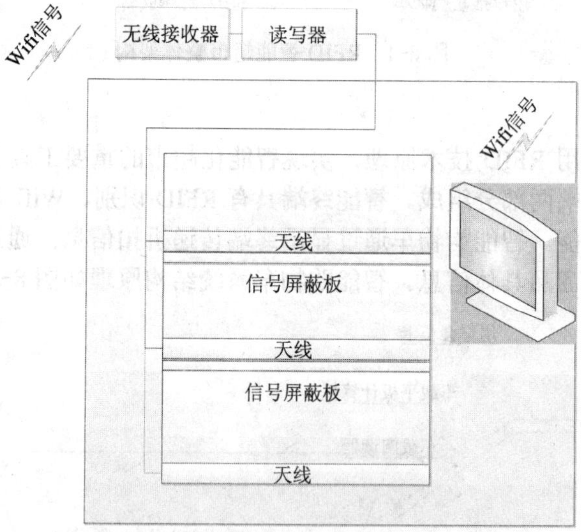

图 8-4　智能货架（超市）结构图

本系统中的智能货架能够完成货架上商品实时监控，记录商品放置时间以及每层货架商品放置状态，自动将补货信息通过网络传送到仓库管理服务器，还能够感知环境状态，并进行异常监控报警。智能货架（超市）装配有触摸屏。购物者可通过触摸屏查看商品信息，并进行语音导购。智能货架可模拟超市前台，完成商品的展示与实时监控，与智能拣货小车、收银台共同完成智能购物环节，如图 8-5 所示。

图 8-5　智能货架（超市）实施效果示意图

3. 智能收银台

智能收银台基于 RFID 技术与无线网络技术，通过读取货物标签实现货物的智能收银结算。智能收银台主要由超高频 RFID 读写器、一体式超高频读写器、上位机及管理系统组成。智能收银台结构如图 8-6 所示。

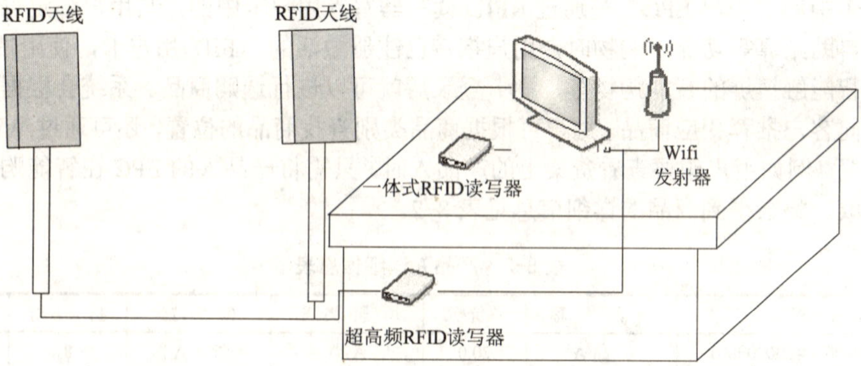

图 8-6　智能收银台结构图

智能收银台能够识别用户身份卡，同步显示历史购物记录，并识别贴有 RFID 标签的商品，同时支持智能购物车结算与普通读取式结算两种方式。在本系统中，模拟超市收银台，能够完成自助式智能结算与货物的防盗监控，与智能货架、智能拣货小车共同完成智能购物环节。智能收银台的效果示意如图 8-7 所示。

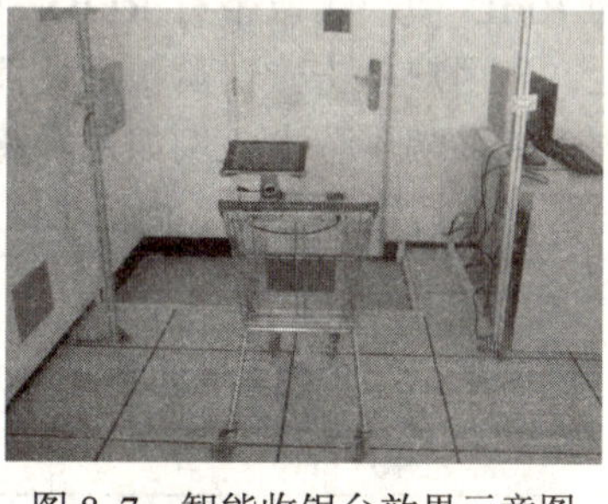

图 8-7　智能收银台效果示意图

8.2.2　智能前台销售子系统流程分析

智能前台销售子系统模拟了超市前台销售活动的全部流程，重点体现了产品在销售过程中的数据流读取，实现了对智能销售流程的实时监控与智能管理，为用户提供更好的用户体验，满足了管理层对商品的智能管理与对货物全程追溯等要求。

顾客首先在智能服务台注册发卡，完成对顾客的管理。只有会员顾客，才能够使用智能购物车进行智能选购商品和智能结算。在注册过程中，操作员通过一体式 RFID 读写器将用户 EPC 写入用户卡（超高频 RFID 卡），并通过上位机将用户的基本信息及余额与写有用户 EPC 数据的超高频 RFID 卡绑定，完成用户的注册过程。系统将顾客的基本信息（包括用户名称、真实姓名、用户等级等信息）保存到服务器，产生数据记录见表 8-1。

表 8-1 用户注册信息表

用户名称	用户 EPC	真实姓名	性别	用户密码	余额/元	会员等级	备注
zhangsan	201212140001303400400001	张某	男	123456	100.0	VIP 会员	
Lisi001	201212140001303400400002	李某	男	110991	100.0	VIP 会员	
Wangmou002	201212140001303400400003	王某	男	123456	100.0	VIP 会员	

表 8-1 中的“用户 EPC”是通过 RFID 读写器写入用户卡中的，与用户绑定可以实现自助购物、自助结算等功能。购物时，用户携带已注册激活的 RFID 用户卡，使用带有 RFID 读卡器与智能触摸屏的智能购物车，刷卡登录后就可以进行选购商品。系统会根据用户的消费记录来向客户推荐相应商品。用户可根据商品类别查找商品的位置，还可通过 Wifi 网络查询存货情况。例如用户想要查看货架上的产品 A 时，只需将产品 A 的 EPC 在智能购物车的读卡器处读取，将会得到商品的详细信息见表 8-2。

表 8-2 产品 A 详细信息表

商品 EPC	商品名称	单价/元	所属类别	位置	折扣	备注
303400000400004000000001	产品 A	20.0	A 类	A 货架 A 区	8	
303400000400004000000002	产品 A	20.0	A 类	A 货架 A 区	8	
303400000400004000000003	产品 A	20.0	A 类	A 货架 A 区	8	
303400000400004000000004	产品 A	20.0	A 类	A 货架 A 区	8	

同时，用户还可以根据商品的 EPC 对商品的生产信息、仓储信息和配送信息等做进一步查询。

用户通过智能购物车集成的 RFID 模块读取带有 RFID 标签的商品信息，可实时显示于智能购物车集成的智能触摸屏上。当用户单击确认购买后，商品将被添加到系统的虚拟购物车中，并计算总价后显示在购物车的终端屏幕上。例如用户将产品 A 添加到购物车中，那么购物车中将增加一条产品 A 的记录，包括用户 EPC、商品 EPC 及添加时间等信息。购物车信息见表 8-3。

表 8-3 购物车信息表

商品 EPC	用户 EPC	时间	备注
303400000400004000000001	201212140001303400400001	2012/11/16 11:23:48	
303400000400004000000002	201212140001303400400001	2012/11/16 11:23:48	
303400000400004000000003	201212140001303400400001	2012/11/16 11:23:48	
303400000400004000000004	201212140001303400400001	2012/11/16 11:23:48	
303400000400004000000005	201212140001303400400001	2012/11/16 11:23:48	

因为商品 EPC 唯一标识一件产品，用户 EPC 也唯一标识一个用户，所以可通过将用户 EPC 与商品 EPC 相互绑定，并添加购买时间，确定某一用户在某一时刻所购买的商品。当结算时，系统通过查询用户 EPC 来确认用户的商品购买列表。例如用户购买了五件产品 A，结算时，在购物车中显示购买信息，见表 8-4。

表 8-4　购物车列表

商品 EPC	商品名称	单价/元	所属类别	位置	时间	折扣
303400000400004000000001	产品 A	20.0	产品 A	A 货架 A 区	2012/11/16 11:23:48	8
303400000400004000000002	产品 A	20.0	产品 A	A 货架 A 区	2012/11/16 11:23:48	8
303400000400004000000003	产品 A	20.0	产品 A	A 货架 A 区	2012/11/16 11:23:48	8
303400000400004000000004	产品 A	20.0	产品 A	A 货架 A 区	2012/11/16 11:23:48	8
303400000400004000000005	产品 A	20.0	产品 A	A 货架 A 区	2012/11/16 11:23:48	8

此外，顾客还可以通过购物导航寻找目标商品的位置，导航会显示一条找到该商品的最佳路径。

顾客结账时，不用再排着长队等候收银员逐个结账，只需在结账区域等候几秒钟，通过智能结算通道，自动完成结算过程。智能结算通道的读写器将读取用户购物车内的商品信息并与用户添加到虚拟购物车中的商品信息记录进行核对，若比对无误，则确认购买，系统自动扣除用户卡中的余额，完成交易。例如用户购买了产品 A，并且在他的购物车中只有产品 A，那么在结算时，系统自动结算，完成交易，并产生相应的购物记录。结算信息见表 8-5。

表 8-5　结算信息表

用户 EPC	产品 EPC	金额/元	折扣	结算时间	备注
201212140001303400400001	303400000400004000000001	20.0	8	2012/11/16 11:23:48	
201212140001303400400001	303400000400004000000002	20.0	8	2012/11/16 11:23:48	
201212140001303400400001	303400000400004000000003	20.0	8	2012/11/16 11:23:48	
201212140001303400400001	303400000400004000000004	20.0	8	2012/11/16 11:23:48	
201212140001303400400001	303400000400004000000005	20.0	8	2012/11/16 11:23:48	

当完成交易后，智能超市后台管理系统与前台数据库同步更新数据，若智能架上的商品数量低于设定值，则通知后台补货。补货单信息见表 8-6。

表 8-6　补货单信息

商品名称	商品数量	补货仓库	缺货货架	状态	时间	备注
产品 A	10	超市后台	A 区货架 A	未处理	2012/11/16 11:23:48	
产品 B	10	超市后台	A 区货架 B	未处理	2012/11/16 11:22:48	
产品 C	10	超市后台	A 区货架 C	未处理	2012/11/16 11:21:48	

智能超市后台管理系统将根据补货通知单生成出库清单。前台则根据出库清单生成超市前台货物上架清单，进行拆箱上架。上架清单见表 8-7。

表 8-7　上架清单信息表

商品 EPC	装箱 EPC	上 架 货 架	上 架 时 间	备　注
303400000400004000000001	307400000400004000000001	A 区货架 A	2012/11/16 11:23:48	
303400000400004000000002	307400000400004000000002	A 区货架 A	2012/11/16 11:23:48	
303400000400004000000003	307400000400004000000003	A 区货架 A	2012/11/16 11:23:48	
303400000400004000000004	307400000400004000000004	A 区货架 A	2012/11/16 11:23:48	
303400000400004000000005	307400000400004000000005	A 区货架 A	2012/11/16 11:23:48	
303400000400004000000006	307400000400004000000001	A 区货架 A	2012/11/16 11:23:48	
303400000400004000000007	307400000400004000000002	A 区货架 A	2012/11/16 11:23:48	
303400000400004000000008	307400000400004000000003	A 区货架 A	2012/11/16 11:23:48	
303400000400004000000009	307400000400004000000004	A 区货架 A	2012/11/16 11:23:48	
303400000400004000000010	307400000400004000000005	A 区货架 A	2012/11/16 11:23:48	

智能超市前台销售实训子系统模拟了智能超市前台销售的各个环节，包括用户注册发卡，模拟用户选购商品和用户结算等全过程。该实训子系统为使用者提供了一个基于物联网技术的超市购物全流程的直观展示方式，重点体现在智能超市购物过程的高效与便利，帮助实训参与人员快速了解智能超市系统的特点，体现了以 RFID 技术为核心的物联网新技术在智能购物过程中的典型应用。

8.3　智能超市前台销售实训内容

8.3.1　用户注册与管理实验

一、实验目的

1．了解超市销售过程的业务流程。

2．掌握 RFID 技术在超市用户管理中的应用。

3．掌握 RFID 技术的读写技术。

二、实验内容

1．将 RFID 的信息与用户信息绑定，完成用户注册操作。

2．完成对基于 RFID 卡的用户信息管理，包括用户注册、更新和注销等。

三、实验仪器

1．带有 USB 接口的计算机一台，软件环境为 Windows 8、Windows 7 或 Windows XP 操作系统。

2．RFID 读写器。

3．超高频 RFID 标签。

4．智能物流超市后台管理实验软件平台。

四、实验步骤

1．连接智能生产物流实训的计算机、RFID 读写器等硬件设备。

2．打开智能后台管理实验系统软件下的系统设置，设置好串口以及其他参数。

3．打开软件的用户管理模块，对用户信息进行添加、修改、删除等操作，如图 8-8 所示。

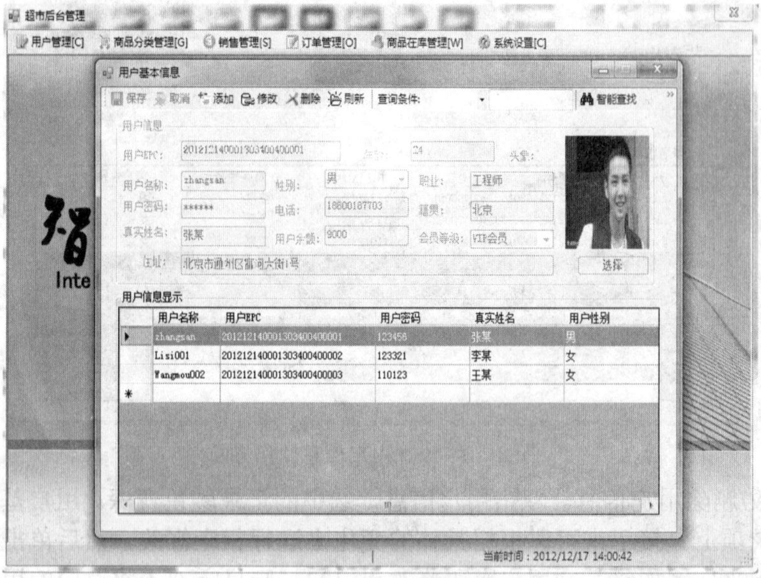

图 8-8　用户管理模块界面

（1）增加用户。单击用户管理界面中的“添加”按钮，弹出增加用户对话框，给用户分配一个唯一的用户 EPC 作为该用户的身份标识，如图 8-9 所示。

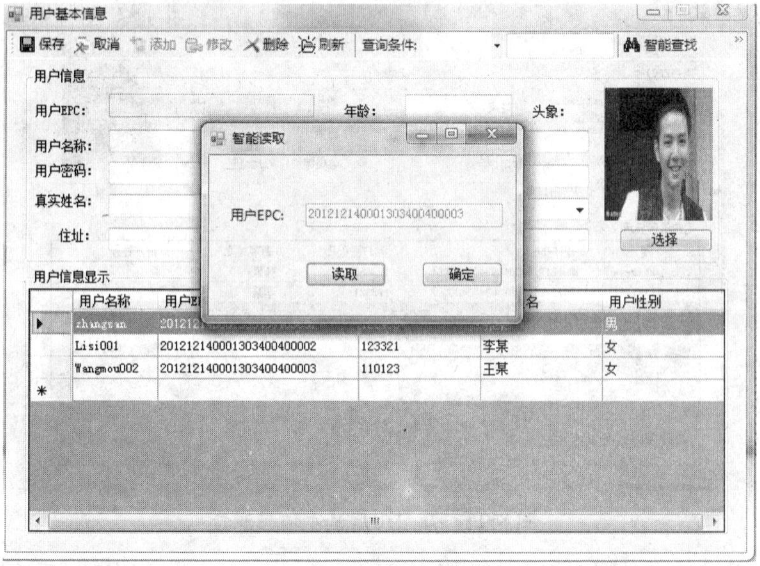

图 8-9　增加用户操作界面

单击“读取”按钮可以获取用户唯一的 EPC 号码，单击“确定”按钮返回用户基本信息界面，此时在用户基本信息界面就获得了用户的 EPC 号码，然后根据具体需要添加用户信息。信息录入完成后单击“添加”按钮。录入的信息出现在下方的“用户信息显示”档内。可以通过上述方法添加多个用户的信息，如图 8-10 所示。

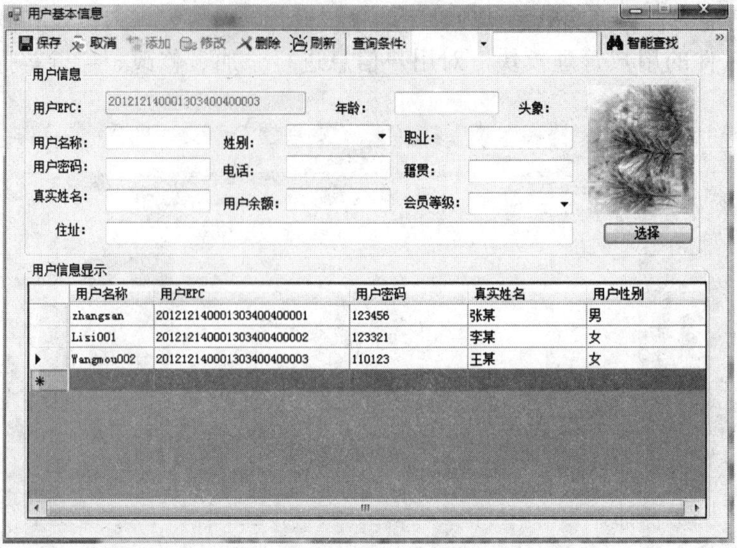

图 8-10　添加用户信息操作界面

（2）修改/删除用户信息。双击用户信息，选中的记录颜色变深。用户基本信息就会显示在用户记录项上。接下来可以根据具体的变化来进行相应修改，然后单击“保存”将修改结果保存下来。例如将某一用户密码修改为 133，则只需双击将对应的用户记录项中的密码即可，修改完毕单击保存，修改后的记录就显示在了下面的用户信息显示之中了，如图 8-11 所示。

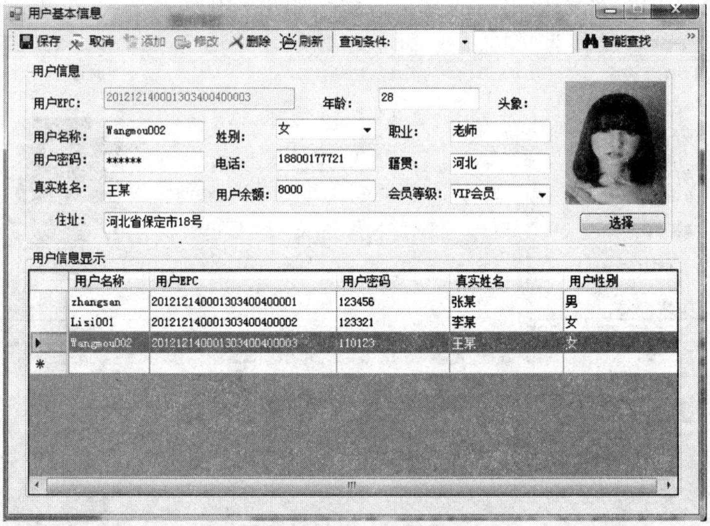

图 8-11　修改用户基本信息操作

若要删除用户信息，则选择所要删除的用户，单击“删除”按钮后，系统显示删除成功，表示用户信息已删除。

（3）用户查找。当用户卡放在读卡器上，单击“智能查询”按钮，在查询窗口中再单击“读取”按钮就可以获得用户的 EPC 号码，单击“确定”按钮完成智能查询功能并将用户的信息显示在用户基本信息界面上，如图 8-12 所示。

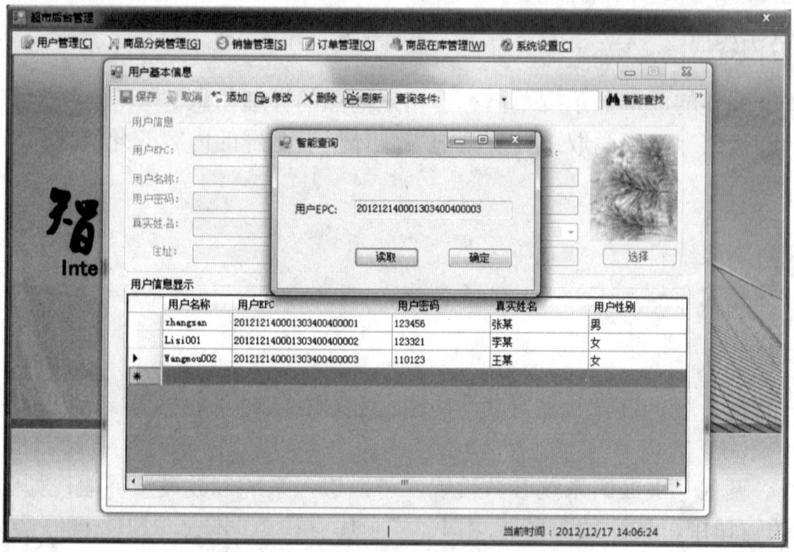

图 8-12　智能查询用户信息操作

（4）用户充值。单击用户管理中的“用户充值”界面，输入用户名获取其他的信息，然后在“充值金额”栏中输入要充值的金额，单击“保存”完成用户的充值业务，单击“退出”按钮退出用户充值界面，如图 8-13 所示。

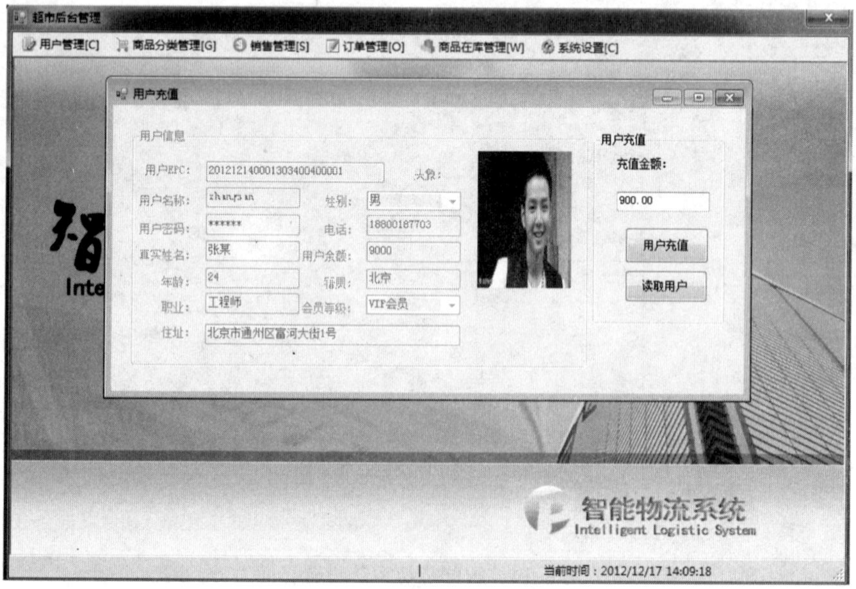

图 8-13　用户充值操作

8.3.2　智能货架实验

一、实验目的

1．了解产品销售的业务流程。

2．了解 RFID 技术在智能货架中的技术原理及其在零售业务流程中的优势。

二、实验内容

1．在智能货架的前端显示屏单击查看指定商品的详细信息。
2．将智能货架上的商品取下并观察前端一体机显示屏的内容变化情况。

三、实验器材

1．智能货架系统。
2．贴有标签的商品。

四、实验步骤

1．打开智能货架的硬件设备（供电，并保证网络畅通），然后启动一体机，运行前端智能货架软件系统。

2．单击“设置”下面的系统参数设置，可以进入系统参数设置界面，如图 8-14 所示。在系统设置的窗口中，依次填入监听端口、安全库存检查间隔、RFID 读写器数据传输格式以及数据库连接的设置，单击“测试”按钮，检查数据库连接是否正常。设置完成后，单击“保存”按钮完成设置。

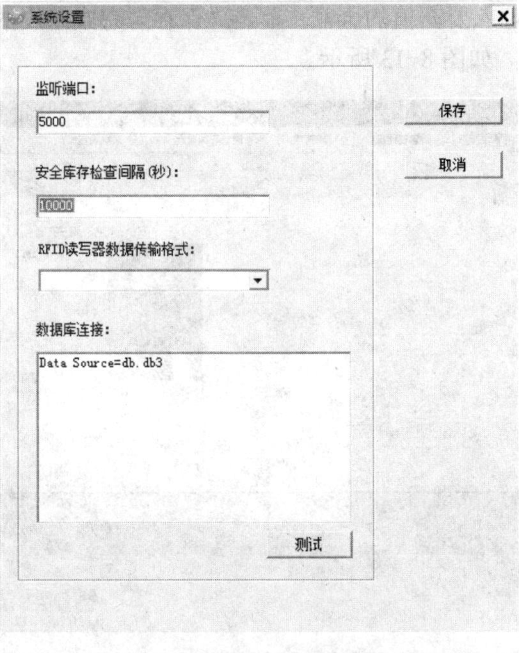

图 8-14　智能货架系统设置界面

3．单击“防盗模式”按钮启动智能货架的防盗监控功能，稍后，系统界面上将显示货架的产品信息，如图 8-15 所示。

4．单击界面上的商品，可以查看商品的详细信息。

5．将货架上的商品取走，查看软件界面的变化情况。

6．将货物重新放回货架，查看软件界面的变化情况。

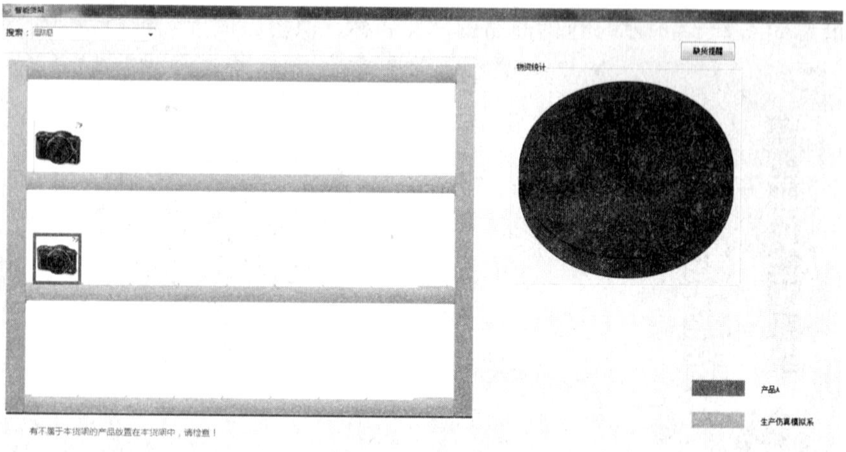

图 8-15　智能货架防盗模式监控界面

8.3.3　前台选购商品实验

一、实验目的

1．了解智能超市的前台选购商品业务流程。

2．知晓 RFID 技术在智能超市中的应用与优势。

3．掌握 RFID 技术在超市前台销售管理中的应用原理与实现原理。

二、实验内容

使用智能超市的智能购物车系统完成在购物操作。

三、实验器材

1．智能购物车一台。

2．贴有标签的货物若干。

四、实验步骤

1．使用装备有 RFID 读卡器与智能触摸屏的智能购物车前往智能货架开始购物实验。

2．使用已注册的用户卡，登录智能超市前台销售实训子系统。用户将会员卡放置在智能购物车的刷卡区，观察系统读出客户的信息，然后登录主界面，如图 8-16 所示。

图 8-16　智能前台登录界面

3．登录完成后，单击“开始”按钮进行购物。

4．查找产品 A（按商品类别查找商品位置和存货情况）。

5．将产品 A，放置于读卡区。

商品信息如图 8-17 所示，包括商品图片、名称、原价、位置、折扣和现价等。

图 8-17　商品信息查看界面

6．使用“添加到购物车”功能。单击“添加到购物车”按钮，将商品添加到购物车中。若添加成功，界面则显示“添加成功”的提示，如图 8-18 所示。

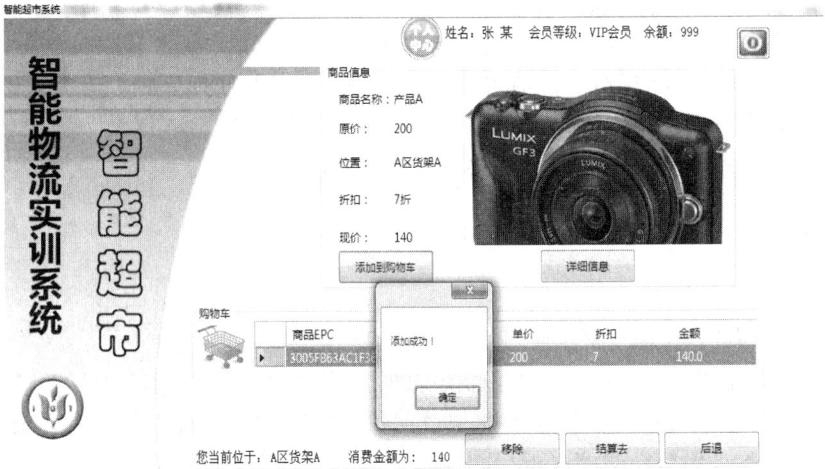

图 8-18　添加购物车界面

7．移除购物车中的商品。当消费者打算移除购物车中的商品时，只需选中购物车中要移除商品，单击“移除”按钮，系统提示“移除成功”。

8．重复上述 6、7 步操作若干次，购物车中最后要留有商品。

8.3.4　前台购物结算实验

一、实验目的

1．掌握智能超市前台购物结算的业务流程。

2．了解 RFID 技术在智能超市中的应用与优势。

3．掌握 RFID 在智能结算中的应用原理。

二、实验内容

使用智能超市的智能购物车系统完成在智能超市中的购物结算操作。

三、实验器材

1．智能购物车系统。

2．贴有标签的货物若干。

四、实验步骤

1．登录智能购物车系统，单击“去购物”按钮，加载已选购好的商品，然后单击“结算”按钮。

2．将购物车推到结算台，通过结算通道的门式 RFID 读写器来读取选购商品的信息。此时，系统将显示购物车中的商品信息，如图 8-19 所示。如果有未使用智能购物车添加的商品，直接通过结账通道时，将在无效商品栏中显示。

3．单击“确认支付”按钮。系统将提示存在非法商品。

4．选中无效商品区域中的商品，并单击“添加到购物车”按钮。

5．若系统与购物车中商品比对后无误，再次单击“确认支付”按钮，系统将从用户余额中扣除商品金额，完成购物。结算完成后，系统显示结算成功。

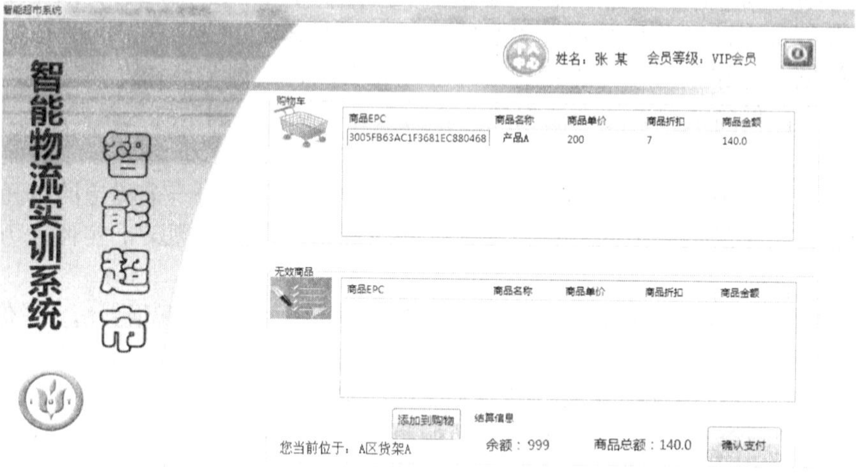

图 8-19　前台购物结算界面

8.4　思考题

1．智能超市前台销售系统的应用遇到最大的问题是什么？智能超市前台销售系统最适合应用的领域是什么？如果要推广应用，还需要解决哪些问题？

2．描述智能货架的工作原理。指出智能货架能够解决超市零售中存在的哪些问题。

3．列举一个你经历过的最好的超市购物与结账体验经历，思考一下物联网技术如何提高顾客满意度。

4．调研国内外智能超市发展现状与趋势。

第 9 章 智能综合服务实训子系统

9.1 智能综合服务子系统概述

9.1.1 智能综合服务子系统的概念

智能综合服务子系统是指产品在销售完成之后整个供应链为用户所提供的服务，主要包括全程追溯与逆向物流两个部分。全程追溯是对产品进行追踪溯源与质量监控，而逆向物流是指产品的退货。

1. 全程追溯

全程追溯系统提供了产品从生产到消费的全生命周期的追溯模式，提取了生产、仓储、流通、消费等供应链环节和消费者关心的公共追溯要素，建立了产品全程信息数据库，一旦发现问题，能够根据溯源进行有效的控制和召回，从源头监控产品的质量，提高供应链的竞争力，保障消费者的合法权益。总的来说，全程追溯系统包括跟踪（Tracking）和追溯（Tracing）两个方面。跟踪是指从供应链的上游至下游，跟随一个特定的单元或一批产品运行路径的能力。追溯是指从供应链下游至上游识别一个特定的单元或一批产品来源的能力，是逆向物流的一种，即通过记录标识的方法回溯某个实体来历、用途和位置的能力。

实施全程追溯管理对于提高生产质量，保障人民群众合法权益和增强消费者信任具有十分重要的意义：

（1）借助统一标识管理平台促进产品质量的控制。

（2）强化产业链上下游企业责任，有力保护企业信誉。通过实施追溯能够查询到市场流通的产品源头信息，准确定位产品质量负责人，迫使有安全隐患的企业退出市场，而生产质量好的企业也可以建立信誉。

（3）帮助企业确定危害的原因与风险的程度，将生产过程中的风险降低到最低水平。

（4）给予消费者知情权。消费者能够通过终端查询产品的产地以及原材料来源、生产、加工、运输等情况，作为购买的依据。

（5）促进全球贸易一体化。食品安全追溯系统在食品物流各个环节建立与国际接轨的标准和标识体系，实现对供应链各个环节的有效监控，增强农产品来源的可靠性和信息传输处理速度，为电子商务和全球贸易一体化奠定基础。

2. 逆向物流

很多企业在构建自己的物流系统时，主要考虑的是正向物流系统。然而事实表明，仅有正向物流显然是不完善的，企业还有必要构建完善的逆向物流系统提高客户服务水平，应对产品召回等突发事件。很多企业正是没有把握好“逆向物流”而造成了损失。市场需求不断在变化、顾客对品牌的关注度与忠诚度不断地下降、潜在进入者与竞争对手不断地蚕食市场。如果企业不能够根据形势变化，快速地制订出相应的策略，那么资金再雄厚的企业可能也无法生存下去。

著名品牌 Estee Launder（雅诗兰黛）在全球范围年销售额超过 40 亿美元，但同时每年退货、报废和损坏的货物价值高达 1.9 亿美元，约占年销售额的 4.75%。为改善其逆向物流管理系统，公司投资 130 万美元购买用于逆向物流的扫描系统、商业智能工具和数据库。在系统运转的第一年就为雅诗兰黛带来了传统的依靠裁员和降低管理费用才能产生的成本价值。逆向物流系统通过对 24%以上的退货进行评估，发现可以再次分销的产品竟然是真正需要退回的 1.5 倍，从而每年又为雅诗兰黛节省了一大笔成本。

雅诗兰黛的成功并非个案。IBM、通用汽车等企业也纷纷涉足逆向物流这一物流“油田”，进行深度挖掘、系统控制和强化管理，并相继“开采”出了新的“油源”，使得成本大幅下降、服务满意度显著提高。美国百货企业西尔斯公司负责物流的副总裁曾这样说：“逆向物流也许是企业在降低成本中的最后一块处女地。”

9.1.2　智能综合服务案例分析

追溯系统主要面向于高价值或安全性要求高的产品，因而在防伪领域以及食品安全领域的应用广泛。

1. 奥运食品安全追溯管理

奥运食品安全追溯管理以 RFID 电子标签为基本流动数据载体和基本信息单元，采用先进的信息传输技术、计算机网络技术、数据库技术，设定统一编制的奥运食品物流编码，实现从生产基地到加工企业、物流配送中心到奥运村全程的物流监控，使奥运食品管理形成了一个完整的实时动态人机系统。

针对不同阶段的特点及需求，奥运食品安全追溯管理系统在应用过程中，在不同阶段、不同物流过程中可以选择不同的标签及其阅读形式：

（1）在生产阶段，电子标签上主要记录生产养殖的相关信息，如养殖场编号、运出时间、运送批次等，并且将这些信息与生产企业自身的信息系统数据库相关联，以便查询生产过程的细节信息。在各个生产环节的企业都设置 RFID 读写设备，可以实现食品生产加工信息的写入。

（2）在加工环节，采用的电子标签内含有食品在生产过程的相关数据和加工环节中添加的信息，如加工企业编号、加工日期、加工批次等。这些信息和数据库相关联，便于奥运食品管理中心查询。

（3）在运输环节，集装箱运输采用的电子标签数据内容包括集装箱内食品信息、温度信息、车辆位置信息、运输车辆信息和运送时间和物流企业数据库相关联。

（4）在仓储环节，对于没有安装 RFID 电子标签的食品，可以在奥运食品仓库给食品安装标签，并关联原有的食品信息。仓库内部在叉车或者工作人员佩戴 RFID 电子标签，内有员工或叉车的 ID 号，可以有效地利用资源，使得仓储过程更加高效快捷。

（5）在食品配送环节，配送车辆带有电子标签内容，在运输过程中受到系统全程实时监控。

2．君顶酒庄红酒加贴电子标签

君顶酒庄负责人和美国Alien科技公司共同完成了瓶装君顶葡萄酒商标内加装EPCG2电子标签的设计与应用，成为中国红葡萄酒界（包括其他酒）首家单品使用UHF RFID进行物流管理与品质溯源的高端品牌商品。君顶品牌定位世界顶级葡萄酒，通过每瓶葡萄酒具有唯一ID的电子标签，确保供应链品质一致，并提供商品数据溯源。

3．鹏程食品RFID安全追溯管理

顺鑫农业鹏程食品公司在北京生鲜肉市场占有40%～50%的份额。鹏程食品公司构建了食品RFID安全可追溯体系，使初级农产品也做到了可追溯和召回。在肉制品生产加工过程中，以条码标贴或者电子标签作为有效的管理载体，经过从种猪来源、饲养、屠宰、分割、检疫、低温冷却到冷链运输的复杂过程。所有肉制品做到了源头可追溯、信息可储存、流向可追查、产品可召回。

4．Norsk Resirk公司利用RFID追踪物流运输

Norsk Resirk是挪威一家非营利性公司，专门从事废弃塑料瓶和铝罐的加工回收利用。该公司利用超高频RFID标签和读取器改善对可回收材料的管理。

起初，Norsk Resirk在一个车间采用将RFID标签附在盛放可回收材料的袋子上的方案，然后逐步在塑料瓶和铝罐回收站读取装满的袋子，负责运送这些袋子的卡车也进行贴标和数据采集，最后在Norsk Resirk的车间进行第三次读取。通过读取运送到车间的袋子上的RFID标签，该公司能更加准确及时地了解收到的袋子的数量、运输人和应支付给用户的数目，从而节省了大量开支。

这样的流程操作下来，他们就能及时掌握空瓶和空罐的运输状态，若运输途中出了差错，也能找到相应的负责人。

Norsk Resirk物流和运营主管Martin Ludvigsen表示，该公司在三个车间都安装了RFID读取器来获得更多的数据、掌握运输状况。“这非常重要，”他解释说，“因为当袋子被运送到错误的通道，它们会被直接放进生产设备中，这样就无法清点里边的瓶瓶罐罐并支付回收站相应的费用。”

这套RFID方案能让Norsk Resirk公司省下好几百万挪威克朗(6挪威克朗约等于1美元)。

9.2 智能综合服务实训子系统原理与流程分析

本系统已经实现了对供应链的生产、加工、运输、配送、销售等各个环节进行有效管理，保证在每个环节能够进行规范、真实、准确的信息标识，并能够将这些信息安全、快速地上传到数据中心，完成了对商品的跟踪过程。供应链中不同环节的用户，通过数据中心全程进行实时查询服务，从而实现对供应链系统中商品生产、配送、运输、销售的全程监控。

利用本系统，消费者可以实现对所购买商品的生产、配送、运输等全流程信息进行查询。

超市可以对订单执行情况进行查询（未受理、已受理、在途等）。配送中心可以对商品的库存及在途情况查询。生产厂家可以对商品销售情况进行查询，从而制订更合理的生产计划来满足市场需求。当供应链系统中产生不合格产品后，各个环节的参与者都可通过实施追溯查询产品源头信息，切实保障产品质量。

在信息查询环节，客户端用户分为管理员、生产商、零售商、顾客以及配送商五类。不同的用户通过各自的用户权限登录系统后，可以对产品的相关信息进行查询。登录页面如图 9-1 所示。

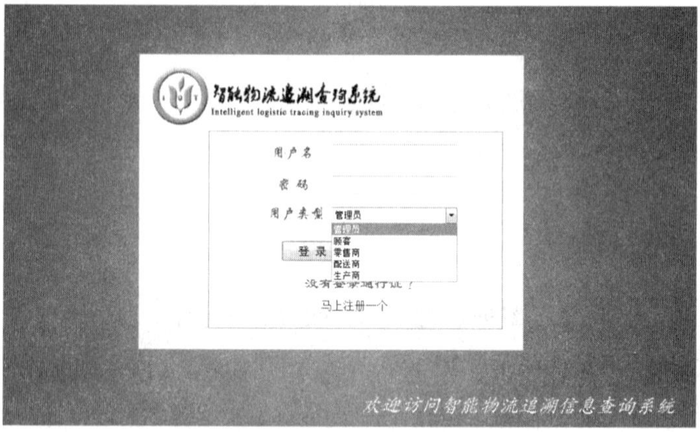

图 9-1　全程追溯系统登录界面

以“顾客”身份登录后，可根据所购买产品的 EPC 对产品的基本信息、生产过程信息、仓储信息、配送过程信息以及销售信息等项目进行查询，如图 9-2 所示。

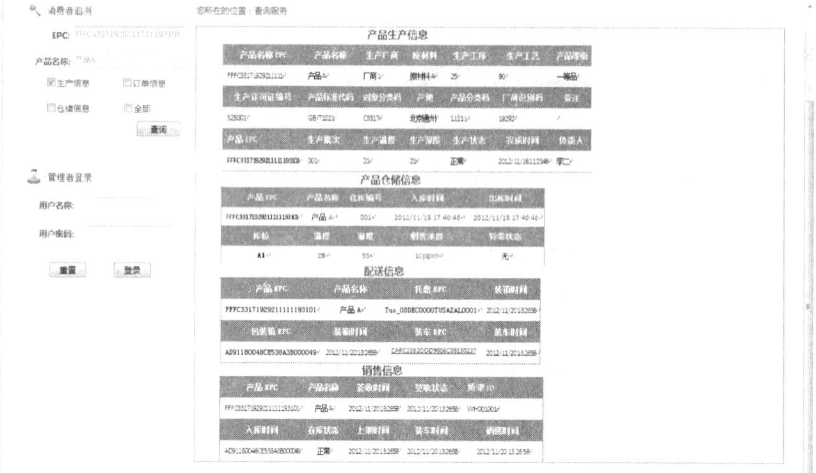

图 9-2　消费者追溯系统界面

一旦顾客所购买的产品出现质量问题，可以准确定位出现问题的环节，从而保护消费者的正当权益。

以“管理员”身份登录后，可以根据产品的 EPC 对产品进行查询。“管理员”身份代表超市管理者，着重对生产库存、配送库存及超市的库存，订单信息以及在途情况的查询工作，如图 9-3 所示。

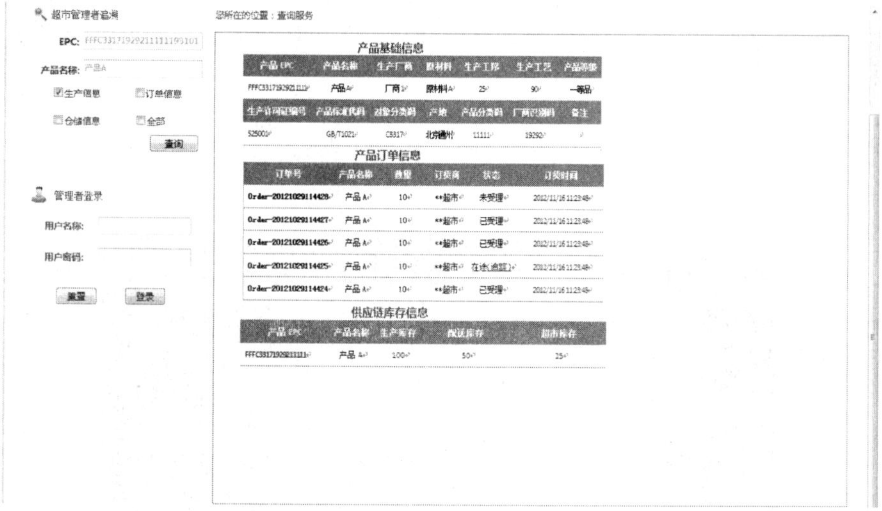

图 9-3　超市管理者追溯系统界面

当超市收到消费者退货产品后，可以根据问题的原因对责任方进行溯源，以有效地提高超市的信誉，降低运营风险。

以“生产者”身份登录后，可以对指定产品的销售情况以及产品的供应链库存信息进行查询，同时也可以查看该产品配送单执行情况，如在途运输情况、签收情况等如图 9-4 所示。

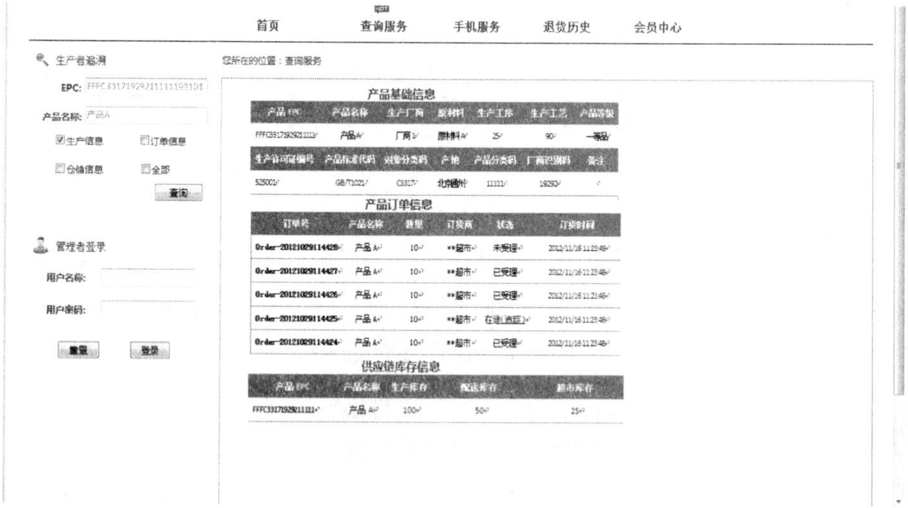

图 9-4　生产者追溯系统界面

生产商接收到存在质量问题的反馈后，可对产品的生产过程进行回溯查询，有助于改进生产工艺，提高生产的安全效率，切实做到高效、高质量生产。

配送商可以通过登录系统查看配送单的执行情况、车辆的运行情况、车辆的速度与位置是否合法等信息，如图 9-5 所示。

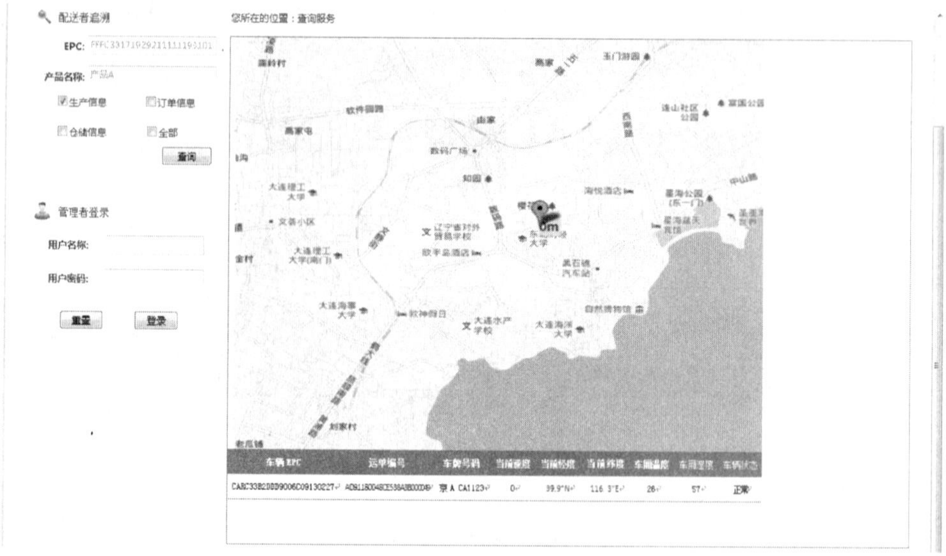

图 9-5 在途追溯系统界面

9.3 智能综合服务实训子系统实训内容

9.3.1 消费者退货实验

一、实验目的

1. 了解退货的业务流程。
2. 了解 RFID 技术在智能超市中的应用与优势。

二、实验内容

使用智能综合服务系统完成模拟退货操作。

三、实验器材

1. 智能综合服务实训子系统。
2. 贴有标签的货物若干。

四、实验步骤

1. 启动智能综合服务实训子系统，单击“售后服务”菜单，在下拉菜单中选择“退货管理”按钮，进入退货管理用户登录界面。

2. 在系统弹出用户登录页面刷卡后，用户的详细信息会显示在界面上，单击“登录”按钮，将跳转到退货操作界面，如图 9-6 所示。

3. 在退货界面可以查看用户的购物历史记录，选中已购买的商品可以查看详细信息。由于商品详细信息栏中的退货 ID 须读取商品 EPC 后才能生成，所以单击退货处理栏中的“读取商品标签”按钮弹出读取界面。如果退货商品包含在购物历史信息栏中且在退货时限内，那么弹窗显示读取成功，如果不符合条件将显示读取失败，表示商品不在购物历史信息中或该商品已经超过退货时间，如图 9-7 所示。

图 9-6 退货登录界面

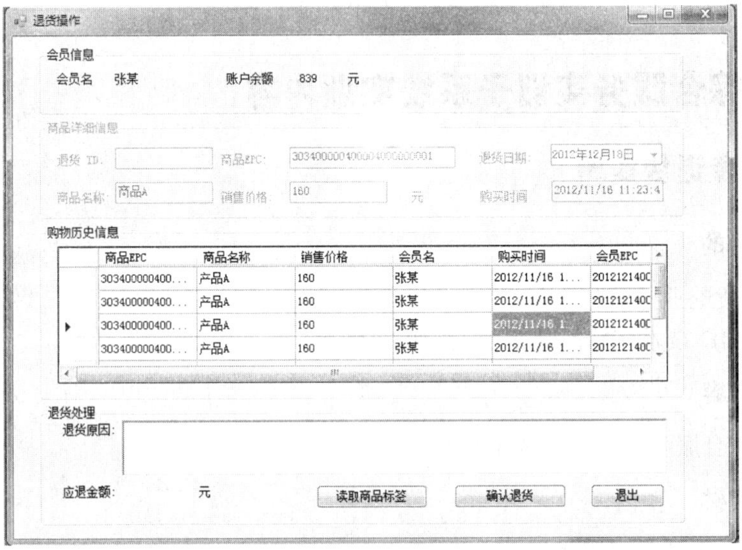

图 9-7 退货操作界面

4. 若读取成功，继续填写退货原因，应退金额会自动显示，为销售价格的 100%。填写完退货原因后单击“确认”退货按钮，再单击弹窗中的“确认”按钮即可完成退货操作。

9.3.2 不合格产品溯源实验

一、实验目的

1. 了解追溯的业务流程。
2. 了解 EPC 的唯一标识在供应链系统中的应用。

二、实验内容

使用智能物流追溯系统完成对不合格产品的溯源操作。

三、实验器材

1. 智能物流追溯系统。

2. 贴有标签的货物若干。

四、实验步骤

1. 打开智能物流追溯系统，输入管理员的用户名和密码，登录系统。

2. 登录成功后，单击上方“退货历史”菜单，信息栏会显示退货商品列表，包含商品名称、类别、生产过程信息、仓储过程信息、配送过程信息等，如图 9-8 所示。

图 9-8　退货历史页面

3. 单击生产过程信息、仓储过程信息、配送过程信息栏下方的详情链接，可分别查看相应的详细信息，如图 9-9～图 9-11 所示。

图 9-9　生产信息页面

图 9-10　退货商品仓储信息页面

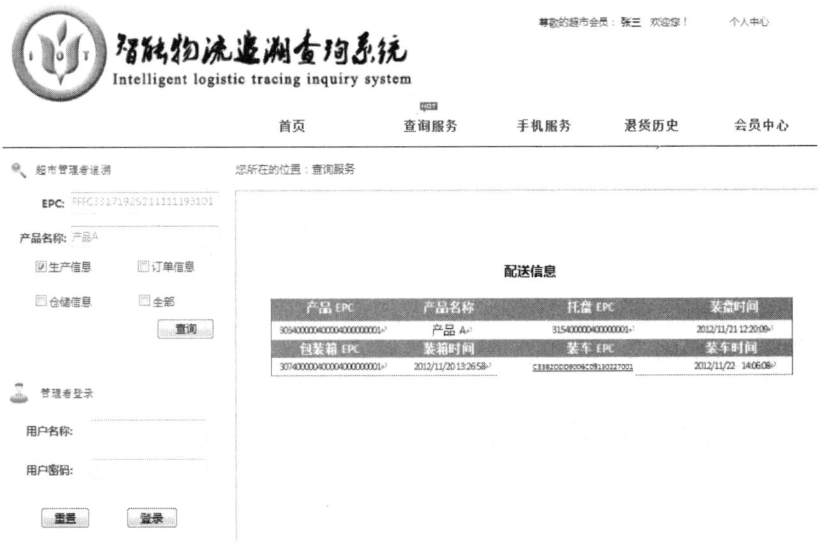

图 9-11　配送信息页面

4．查询过程的状态，通过退货原因推测可能造成质量问题的环节，然后分别查找相关环节的过程信息，发现异常后作记录，综合分析成因，待问题确定后要及时向有关环节反馈，防止该类问题的再次发生，降低退货率。

5．以“管理员”身份登录，重复步骤 2～4 的操作。

9.3.3　产品全程信息查询实验

一、实验目的

1．了解追溯的业务流程。

2．了解 EPC 的唯一标识在供应链系统中的应用。

二、实验内容

分别通过顾客、超市管理员、生产商、配送商身份登录智能物流追溯系统对产品不同环节的信息进行查询和追踪。

三、实验器材

智能物流追溯系统。

四、实验步骤

1．打开智能物流追溯系统，以“管理员”身份登录。

2．登录成功后，输入指定的产品 EPC、车辆 EPC 和包装箱 EPC，查看商品详细信息，实现单个 EPC 信息的查询，如图 9-12～图 9-14 所示。

图 9-12　利用产品 EPC 查询产品基础信息页面

图 9-13　包装箱 EPC 信息查询结果页面

图 9-14　车辆 EPC 信息查询结果页面

3．以“生产商”身份登录，重复步骤 1～2 的操作。

4．以“配送商”身份登录，重复步骤 1～2 的操作。

5．以“顾客”身份登录，重复步骤 1～2 的操作。

9.4　思考题

1．如何利用全程追溯系统解决装箱和拆箱对追溯活动造成的影响？

2．列举传统产品防伪信息的查询方式。

3．简述运用物联网与智能技术条件下，产品召回的基本过程。

4．深入调研国内外商品追溯应用现状及其发展趋势。

5．智能物流系统与传统物流系统的本质区别是什么？

参 考 文 献

[1] 邹生，何新华．物流信息化与物联网建设[M]．北京：电子工业出版社，2010．

[2] 孙家庆．智能物流[M]．北京：中国物资出版社，2011．

[3] 王道平，王煦．现代物流信息技术[M]．北京：北京大学出版社，2010．

[4] 中国物流与采购联合会．中国物流与采购信息化优秀案例集[M]．北京：中国物资出版社，2010．

[5] 林自葵．物流信息系统[M]．北京：清华大学出版社，北京交通大学出版社，2004．

[6] 李俊韬．物流信息仿真技术与仿真管理实训[M]．北京：机械工业出版社，2013．